SALE 售罄秘笈

周韦廷◎著

销售就是要锁定成交

价值百万的销售课

内 容 提 要

在这个产能严重过剩的同质化时代，成交为什么越来越困难？

之所以觉得成交难，是因为我们只把心思聚焦到了“成交”上，而很少去思考，顾客为什么偏偏购买我们的产品和服务。本书正是从全局观上揭秘了导致顾客“偏偏购买”的六个内在真相，从而帮助读者找到了实现成交的六个环环相扣的超级步骤：设计流程、找出卖点、构建信任、触发感知、满足值得、促成行动。

只要你按部就班地依照书中所给你的“方法论”打通这六个超级步骤，大多数顾客势必会“偏偏购买”你的产品和服务，成交也就变得水到渠成了。

图书在版编目(CIP)数据

销售就是要锁定成交/周韦廷著. —北京：北京大学出版社，2017.7
ISBN 978-7-301-28244-1

Ⅰ. ①销…　Ⅱ. ①周…　Ⅲ. ①销售—方法　Ⅳ. ①F713.3

中国版本图书馆 CIP 数据核字（2017）第 085252 号

书　　名　销售就是要锁定成交
　　　　　XIAOSHOU JIU SHI YAO SUODING CHENGJIAO
著作责任者　周韦廷　著
责任编辑　尹　毅
标准书号　ISBN 978-7-301-28244-1
出版发行　北京大学出版社
地　　址　北京市海淀区成府路 205 号　100871
网　　址　http://www.pup.cn　新浪微博：@北京大学出版社
电子信箱　pup7@pup.cn
电　　话　邮购部 62752015　发行部 62750672　编辑部 62580653
印 刷 者　北京大学印刷厂
经 销 者　新华书店
　　　　　880 毫米×1230 毫米　32 开本　8.125 印张　176 千字
　　　　　2017 年 7 月第 1 版　2017 年 7 月第 1 次印刷
印　　数　1—8000 册
定　　价　39.00 元

成交能力就是最落地的赚钱能力

亲爱的朋友：

你能遇见并且读到这本书，我很荣幸，更为你感到庆幸。

我不知道你从事的是什么行业，但是，如果你从事的是这个世界上最易改变命运、最快赚取财富、最具挑战性的工作——销售，我确定，这本书将为你的事业彻底**打开一扇门**。

具体来说，无论你是一位想要倍增业绩的店铺老板，还是一位想要提升收入的销售员；无论你是一位从事传统零售的生意人，还是一位从事电商或微商的个体创业者，本书都一定能带给你立竿见影的赚钱能力和受用终生的赚钱本领，因为这是一套被无数次实践证明行之有效的销售程序，这套程序已经在中国市场上创造了数百亿元的销售奇迹。

不得不承认，销售是一份神圣且不朽的职业，创业也好，做生意也好，做业务也好，总归离不开销售。销售也的确是大多数人通往富足人生的捷径，尤其对于那些无权无势又无一技之长的平凡之辈，销售几乎成了他们获得财务自由的唯一途径。

曾经，我们想要改变命运，我们很多人通过实体店铺来做销售；如今，我们渴望过上富足的生活，我们很多人又通过电商渠道和微商渠道来做销售。

然而，梦想很美好，现实总是很残酷！

做销售的人很多，能做到高收入回报的人却很少；大多数人都在温饱线上挣扎，大多数人都在为当月的业绩目标操碎了心。换句话说，大多数人并没有通过销售这条途径过上富足的生活，有且仅有一小撮人能成为某个领域的销售精英，他们的收入令多数人垂涎，他们的成就令多数人羡慕，他们的能力令多数人仰望……

为什么同样是做传统零售，一流售货员与普通售货员的收入会有 5 倍甚至 10 倍的差别？

为什么同样是做电商生意，一流店铺与普通店铺的销量会有成千上万倍的差别？

为什么同样是做微商卖货，一流微商人与普通微商人的销售业绩会有一百倍以上的差别？

要想切实地赢得销售上的成功，最重要的一项能力到底是什么？

过去十年，我一直致力于企业咨询与商业思想的传授，我对商业本质规律的洞察以及对商业思想体系的构建几近到了痴迷的程度。值得我庆幸与骄傲的是，在这十年当中，至少有数千位老板、创业者和生意人通过对我所传授的商业思想与经营方法论的践行，创造了过百亿元的效益，其中包括朵唯女性手机、广东好帮手电子科技有限公司、长沙普瑞纳饮料有限公司、格力集团、香江集团以及六个核桃等国内知名品牌或企业。

当然，绝大部分的受益者还是初创型公司，尤其是那些致力于用销售来改变命运的生意人。

在这么多年的商业咨询与市场实践历程当中，我越来越深地体会到，对于绝大多数中小微企业及其个体创业者而言，他们最迫切的义务不是创新，而是销售；他们最需要的能力也不是创造，而是销售。因为他们更向往业绩的突破和利润的提升。

在我看来，销售其实就是把产品卖给客户的过程。进一步讲，销售也好，哪怕说赚钱也好，其实就是解决产品、客户、成交（卖出）这三个问题。

我们缺少产品吗？这是一个产能无限过剩的市场经济时代，各大商场店铺到处都是堆积如山的产品，各个电商渠道处处都有供过于求的库存，这是事实。

我们缺少客户吗？大街小巷到处都是川流不息的人流；互联网上处处都是惊人的访问数，这也是事实。

我们之所以难以获得销售的成功，因为我们多数人都难以顺利地实现“成交”这个结果。

如果不能成交，销售经理将面临着业绩上不去、提成拿不到，甚至可能被老板“炒鱿鱼”的后果；如果不能成交，老板将面临着库存积压、现金流短缺、成本透支的风险；如果不能成交，无论你有多么优质的产品，无论你有多么庞大的客流量，业绩还是零。

说到底，销售高手与普通销售人之间的核心差别就在于成交能力的差别。

由此可见，成交能力才是你最重要的销售能力，成交能力才是你最落地的赚钱能力，成交能力是每一位生意人、创业者和销售人士必须学会的核心生存能力！

需要强调的是，与市面上绝大多数讲述销售技巧的书相比，这本书更强大的独特之处在于以下几点。

（1）这本书绝不是零散的销售点子，也不是根据某几个片面的商业案例拼凑出来的销售技巧。它是完全从消费者的心理思维程式和行为决策模式推导出来的一整套自上而下的成交体系、成交章法和成交套路，无论你销售的是什么产品或服务，你都将非常明确地知道做什么，怎么做，一环一环锁定成交。

（2）本书所讲述的思维模式和成交方法论不是一时的快餐文化，它破译的是人性密码和购买心理学密码。所以，它不会受到时代的局限，它是一套 30 年之后还能发挥实效的超级成交方法论。

（3）本书所传授的成交方法不仅仅局限于第一次成交，还将通过环环相扣的销售思维自发地帮你锁定多次成交，让你付出一分却能收获十分的业绩回报。

（4）本书所传授的方法论不仅仅适用于传统商场销售，更切合眼下的电商营销以及发展如雨后春笋之势的移动互联网销售。而且，本书所提到的实操案例已经覆盖传统商业渠道、电商渠道和社交媒体等多重使用场景，以及一对一销售、文案销售和会议销售等多种销售形式，总归都是在教你如何通过影响“人”的思维模式和行为模式来锁定成交。

（5）本书不仅公开了一系列拿来就能用的实战成交方法，还涉及不少为人处世的大智慧，通俗易懂而又意味深长。本书是“干货”级的专业书，但又不失较强的可读性，旨在让读者朋友们能乐此不疲地投入到这本书中学成交本领，学销售思维，学人生智慧！

《销售就是要锁定成交》，就是要让更多的用户为你的产品买单，就是要让更多的顾客为你的服务买单，就是要让更多的粉丝为你的梦想买单！

我确信，你一定会爱上这本书。只要你敢于毫不客气地将其中的思维模式和方法论，一步一步、一招一招地运用在你的生意和事业当中，下一位创造骄人业绩的成交高手就必定是你！

温馨提示：为了能让读者更加彻底地掌握本书教授的销售方法和成交本领，欢迎添加我的私人微信号：314182593。读者可以将阅读本书过程当中遇到的疑惑和读书心得发给我，我每天晚上将会抽选 3 位幸运读者给予回复，另外，读者还有机会获赠更多超值的学习资料。

周韦廷

目　录

第1步 销售就是要锁定成交设计流程

Lock the Deal • 99% of People Don't Know the Sales Steps •

我们之所以在成交上遇到障碍，就是因为不具备流程思维。凡是不具备流程思维的人，就是一个思想不成熟的人。

怎么才能成功?

如果我要问一万个人，可能会收到一万种对成功之路的注解。

无论世人把成功看得多么复杂难解，在我看来，任何成功都只有两件事。第一件事：要去哪里；第二件事：怎么去。换句更简单的话来说，要去哪里，指的就是你想要达成什么目标，如成交客户就是一个明确的目标；而怎么去，就是流程要解决的问题。

那么，什么是流程呢?

流程就是指你为了达成一个目标，按照一定的先后顺序所走的一系列的路径。

流就是顺序，程就是路径。具体来说即你应该先做什么，再做什么，最后做什么，才能顺利地达成你预先设定好的目标。你所做的这些事情以及做这些事情的先后顺序就叫流程。

例如，我要坐高铁从长沙去北京，北京是我要去的目标，我应该先到岳阳，再到武汉，再到郑州，再到石家庄，再到北京。按照这些先后顺序走完这些路段，就是我到达目的地必须要走的流程。如果我不知道这个流程，我是到不了北京的。

再如，你想拿到驾照，那么，你得先通过笔试，再通过场内考，再通过路考，这就是一个流程。如果你没有按照这个流程，正常情况下，你是拿不到驾照的。

成交也是如此。你的目标是让顾客购买，而一位陌生顾客之所以会购买，也必须符合一个“三步黄金铁律”的购买流程——我想要，我害怕，我决定。换句话说，你只要按照这个顺序打通购买流程，你就能实现你想要的目标——成交，如果没有走这个流程，你的目标就很难实现。

这，就是流程的重大意义！

绝大多数人在实现人生与事业的目标上之所以会遇到重重障碍，最重要的原因就在于他们只有一蹴而就的目标思维，而没有为达成目标去铺设流程。

宇宙万事万物都是在遵守一个秩序运行，人与人之间之所以能发生关系也是按照“由浅入深，由生入熟”的流程在进行，一个懂得流程思维的人会让他生命中所遇见的大部分人循序渐进与之牵连，一个不具备流程思维的人很难构建深厚的人脉，甚至会失去重重社会关系。

在实现任何目标上，聪明的人和有智慧的人，最大的差别就在于是不是具备流程思维。聪明的人走直线，有智慧的人找流程！

河流为什么能源远流长，而无数人在经营事业的路上却总是迈不开第一步？

你看那河流从来不走直路，河流的形成，是无数次弯曲累积的结果，凡是遇到奇峰险径它都会绕过去。有些人做任何事都想一步登天，结果就是处处碰壁，屡战屡败。

直接让你徒步爬上蜀道难不难？所以叫蜀道之难，难于上青天！只要沿着盘旋的山路环形攀登就能爬上山顶。

再比如说，"两点间的直线距离最短"是公认的"金科玉律"，但让我感到遗憾甚至悲凉的是，正因为这样的金科玉律，屏蔽了无数人的处世智慧。因为这完全是站在空间的客观角度上在说话，对为人处世、对人际关系实在是毫无实际意义可言。

如果站在主观的处世立场上，你会蓦然发现，在两点之间，流程的距离才是最短的！

假如你面前有一条大河，如果你想直接从此岸到达彼岸，在你不会游泳又没有过河工具的情况下，你想走直线，怎么过去？答案是你一辈子也过不去，你只能"望河兴叹"。要想轻松到达小河的彼岸，我现在告诉你，先往左走 100 米，你就能顺利地到达彼岸，因为那里有座桥，而那座桥就是保证你到达彼岸必经的流程。

要想到达彼岸，事实上是流程的距离最短，而不是直线的距离最短。

任何人要想顺利地达到目的，都需要一套流程来帮他完成，我们要做的就是，先明确目标，然后找到能导致目标顺利达成的流程，而不是自以为是地横冲直撞。

恋爱也是一样，如果你非常中意一位如花似玉的姑娘，恨不得马上就将她占为己有，于是你急不可耐冲上去就跟人家姑娘表白心声，结果会怎么样？她会像非友邦人士一样莫名惊诧，她会想今天又遇到神经病了，甚至可能会狠狠地给你一耳光。

怎么办？

那不就需要一套达成目标的流程嘛！

恋爱的流程：相识→聊天→约会→牵手→拥抱→亲吻→同居，只有按照这个流程按部就班、层层递进，你才能收获到一份充实而成功的恋情。

为什么说人世间最遥远的距离不是地球的两极，而是你站在我面前，却不知道我爱你？因为你们在情感的世界里还没有共同走完一段路。

什么叫感情，我一直觉得，所谓感情就是你们之间共同拥有一段可以回忆彼此的经历。

同理，如果顾客对你没有任何接触，也没有对你产生些许好感，他怎么可能轻易就购买你的产品？

就像你之前看过我的书或者看过我的文章一样，如果你看完以后，还能时不时地回忆起书中的内容和我的风格，那么你跟我就有了连接。

所以说，只有共同走完一段可以深入人心、可以让人流连忘返的流程，你们之间才能心心相印、惺惺相惜，哪怕是不表白也能自然地生成爱！

那么，顾客为什么会对你和你的产品无动于衷？

很显然是因为他跟你还没有一定的接触，甚至根本不了解你，你只是一味地陶醉在自我的世界，说穿了，就是你们之间还没有走完一段路。

任何消费者要接受任何一个产品都是在响应一个心理过程，如果这个过程你没有帮他打通，他是很难做出购买决策的。

故此明了，你想达到任何目的，首先应该找路线和顺序，也就是先找流程，你做任何事情，是有流程还是没有流程，结果一定是大相径庭的。

因此，成交不是一道可以直接跨越的门槛，而是一道循序渐进的工序，而所有的工序都必须由流程来完成！

90%以上的营销人员之所以在成交上遇到阻碍，首先就败在不懂得设计成交流程或者根本就没有成交流程。设计成交流程是任何营销人开展任何成交活动的第一要务。只要你懂得设计一套明智的成交流程，你就能轻而易举地迈过那道门槛。

怎么才能设计一套能顺利推动购买进程的成交流程？

事实上，要设计明智的成交流程其实并不复杂。做任何事情，我们只要遵循事物的本质和常识，我们就能直接触摸到解决问题的全部脉络和核心方法。

所谓本质和常识，就是指我们到底是在做一件什么事情，我们到底是在实现一个什么样的过程？我们之所以很难抓到事物的脉络，往往是因为我们在前进的路上，走着走着就忘了自己在做什么，于是就导致我们在思维上出现凌乱和空白，也就是常说的心中没有“谱”。

所谓“谱”，就是你做一件事情的脉络和章法，而不是靠运气和技巧。我是一个永远都把“谱”作为第一追求及一切思维出发点的人，任何偶然性的获得和机遇性的成功，都不会成为我的商业思想准则，因为那不具备普遍性与规律性，所以，我自己不会去使用，更不会传授给我的客户和学员。

那么，成交到底是在实现一个什么过程?

很显然，成交的本质就是一句话：把你的产品以某种价格卖给客户。你想想看，我们做任何成交是不是在实现这个过程？我们只是在干这件事!

因此，根据这个根本常识，我们便知，设计成交流程其实就是在设计三套流程。具体来说，就是产品流程、价格流程和客户流程。也就是说，你要想打通成交的“流程”，你要做的就是这三件事情。

流程一：产品流程

产品流程是成交三大流程当中的第一流程。凡是卖货很轻松的人必定是懂得设计产品流程的人。不懂得设计产品流程的人，卖货势必会变得相当艰难。

什么是产品流程?

前面我已经说了，流程本身的定义就是路段和秩序。由此可知，产品流程就是指产品基数和销售秩序。

因此，打造产品流程就是在做两件事：第一件事情，就是打造产品系列，这就要求我们一定要事先打造好几款产品，而不是仅仅只有一款产品；第二件事情，就是设置好明确的推广秩序。具体来说，就是当我们把产品推向市场卖给客户时，我们应该先卖哪一款产品，接着卖哪一款产品，然后再卖哪一款产品……

简言之，设计产品流程＝设计产品系列＋设计销售秩序。

为什么要设计产品系列?

有两个重要的原因!

➢ 原因一：对顾客而言，是为了响应顾客的需求度量

很多学员朋友都问我："周老师，如果我卖好几款产品，顾客会不会有抵触心理啊？"我会毫不客气地回答他们四个字——此言差矣!

因为他们又犯了一个普遍存在的商业逻辑错误，这个错误就是，因果关系的立场颠倒。

试问一下，是顾客需要我们的产品，还是我们的产品需要顾客?

所以，每次听到这样的问题，我就知道，商家们普遍都具备把产品推销给别人的心理，而没有意识到：是因为顾客需要我们，

我们的产品才有了交换的意义。

进一步讲，顾客需要的是单款产品，还是更完善的解决方案？

因此，我这里所说的“需求度量”，说的就是，顾客的需求本来就是多种类、多层次的。也就是说，任何顾客都有更多的需求，有更高的渴求，这个问题解决了还有另外一个相关的问题要解决，某种诉求得到满足之后还有更高一层的诉求，好了还求更好。要想满足更好的诉求，就需要更好的产品，欲穷千里目，必须更上一层楼嘛。

人们的渴望是无止境的！如果顾客的其他需求，在你这里找不到解决方案的话，他会有一种遗憾和失落感。于是，他只能带着这种遗憾和失落感到别处去寻找解决方案。这种遗憾和失落感之所以会产生，就是因为顾客选择信任别人的成本太高。在品种繁多复杂的市场经济社会，人们最大的纠结就是选择的纠结，顾客最大的成本就是选择的成本。

而只要顾客在使用你的第一款产品之后认可你、信任你、欣赏你，他就会更乐意、更倾向于购买你的后续产品，因为他更信任你。既然你能提供后续的产品来满足顾客的后续需求，他在你这里买何乐而不为？

就像苹果计算机的忠实用户通常都会使用苹果的其他产品一样。或者从纵向需求来看，你知道那些买了 iPhone 3 的用户，下一步在期待什么吗？在期待 iPhone 4、iPhone 5、iPhone 6、iPhone 7……因为他们渴望更快的性能、更好的体验、更美的外观。

正是因为用户有这些需求，而他们又信任苹果品牌，所以就倾向于购买苹果的系列产品，而选择别的品牌的信任成本以及使用习惯成本都太高。反过来讲，其实这些产品系列是苹果公司早就规划好了的。

假如你买了雅戈尔的西服，并对它的品质很满意，请问你下次需要西裤时的第一购买选择，是选择雅戈尔还是其他品牌？倘若他们没有卖西裤的话，你可能会很失望地问一句："哎呀，你们怎么没有西裤啊！"或者真心地建议一句："你们要是有西裤卖就更好了。"你的想法其实很明确，就是但愿他们能有更多相关的产品系列，从而解决你在穿着上的互补需求。

假如你买了某个水果店的苹果，那种口感、水分、营养健康性以及店家的服务等方面都很中你的意，但是你吃水果不可能只吃苹果，如果你下次想吃西瓜、香蕉、柚子，你想先去哪儿买？

如果那家曾经让你很中意的水果店没有这些水果系列，你反而会感到很失落。

为什么我们往往更愿意跟熟人熟店做生意，原因就是如此。

顾客之所以愿意购买你的产品系列，是因为他想要一套更完善的解决方案，而你又是他最值得信赖的选择，也就是说，他对你是有更多期待的，顾客不首先选择你还能首先选择谁呢？

因此，你需要打造产品系列的第一个原因就是为了响应顾客的需求度量。在顾客信任你的情况下，你的成交流程之所以会中断，就在于你没有产品系列。如果你自己还没有意识到这一点，我都会为你感到汗颜。

➤ 原因二：对自己而言，为了收获稳定的回报

你想想，如果你只有一款产品，在你进入市场时，你会抱有一种什么样的心态？

你势必会把所有的希望都寄托在这一款产品上，你会把所有的法宝都压在这一款产品上，如果这款产品获利微薄甚至根本不能帮你获利，或者万一哪天这款产品在市场上失灵，你将会失去全部的回报。

我们怎么办？不着急，我们还有下一批后备军继续上阵，我们还有后续的产品系列来紧固整个商业链条。有了产品系列，我们就可以在不同的产品上设计不同的利润分配节点，而不是把获利点局限在某一款产品上。此举不仅仅是为了获得稳定的收益，也是为了防患于未然。

为什么大多数企业主在经商的路上要么难以打开市场，要么有了市场也难以获得可观的利润？根本原因就在于他们只有单一的产品在市场上孤军作战，而没有后援部队来做支撑和进一步地推进。就像再伟大的将帅也必须要士兵来护卫一样，排兵布阵才能打胜仗。

产品系列不仅是成交流程的必备要素，更是保证一个企业能持续获利的撒手锏。一个没有产品系列的企业，在商场上行走，势必会举步维艰。

另外，在打造好产品系列之后，为什么还要设计好产品销售秩序呢？

原因就在于大多数顾客都不知道第一次如何做决策。

当一位新顾客在首次接触某款产品时，买不买这款产品，是他的决策；而当他面临若干款产品时，买哪一款产品就成了他的纠结。

为什么说是纠结？

因为多数人都不喜欢做决策，也不知道如何做决策，渴望被引导。进一步讲，顾客只知道自己的抽象需求，我要好吃，我要好喝，我要漂亮，我要过瘾，但顾客不知道也没有义务知道自己的具体需求。

因此，在众多新产品同时呈现在他们面前时，他们根本不能彻底知道哪款产品最适合他。想想看，是你最了解你的产品还是顾客最了解你的产品？

当一位顾客首次光临你的店面时，你一下子将你的产品和盘托出，恨不得顾客将你的产品一次性全都给消化掉。于是你就告诉用户，你有 10 款产品，你让他看着办！这时候，你叫他怎么选？他纠不纠结？

心中的纠结就来自于选择太多！

大千商业世界，有太多无知的商家天天在如此地摧残着顾客的心智。

你应该怎么做？

最明智的做法就是，首先给他推荐一款产品，让他最有意愿接受，等他对这款产品体验满意之后，再接着销售后续的产品。

而这款“首先”的产品，其实是你预先就准备好了的，目的就是解除顾客的第一次购买纠结，这就叫产品流程思维。

就像一帮朋友在聚餐时点菜一样，大多数情况下，该谁点菜这件事，都是一项巨大的挑战，甚至是折磨。因为大家要么就说“随便”，要么就是相互推托，最后你会发现，十多分钟过去了，一个菜都还没点呢。

为什么大家都不愿意点菜呢？就是因为菜谱上面的菜品实在太多，你很难做决策，如果有个机智的服务员过来告诉你说，这里有一道菜是我们店的招牌菜——干锅龙虾，很受客人们的欢迎，保证合你们的口味。这时候，你十有八九会首选这道菜，因为你没有这么多纠结了。

所以，我们之所以要设计产品销售秩序的主要原因就在于，大多数顾客不知道如何做出第一次决策。因此，我们要给新顾客一个明确的指引和导向，以便他们能明确而果断地做出第一次购买选择。

如何设计一套具备强大售卖力的产品流程？

根据上述产品系列和产品销售秩序这两大核心思想，如果想要打造一套推波助澜式的产品成交流程，我们必须在同一产品系列中，至少设计三大层级的子产品。位居第一层级的产品，称之为开锣戏产品；位居第二层级的产品，称之为中轴戏产品；位居第三层级的产品，称之为压轴戏产品。

之所以如此称谓这三层产品，我的想法其实源自被视为中国国粹的京剧。我想，凡是对京剧稍微有点了解的朋友应该都知道，开锣戏、中轴戏、压轴戏是中国京剧当中的经典桥段术语。更重要的是，这三场戏是台上的戏剧演员按照演出的先后顺序逐一表演给观众看的，从序幕到尾声，一步一步吸引观众渐入佳境。

同理，我依此定义的开锣戏产品、中轴戏产品、压轴戏产品也是按照一定的销售秩序来逐一卖给顾客的。从第一款产品，到最后一款产品，一步一步带着一群本来跟我们素昧平生的消费者，从被吸引，到喜欢，到最后爱上我们的产品及品牌。

以此名义来对产品系列进行阶段式的划分，我相信会更生动、更形象、更逼真，也更加有助于你理解和记忆。

层级一：开锣戏产品

设计开锣戏产品的目的是什么？

主要目的就是打开市场，最大限度地普及市场。

为什么叫开锣戏产品呢？这就跟唱戏一样，戏剧演员要想从车水马龙的人流中，吸引一批观众停下脚步来舞台下听戏，他们必须要先鸣出诱人的甚至是惊人的锣鼓声，有何企图？吆喝观众！

对商家而言，开锣戏产品的作用就是吆喝客流，进入市场。利用开锣戏产品来为我们的市场开路，所以，我有时候给客户做咨询顾问时或者在给学员讲课时，时常把“开锣戏产品”说成是“开路戏产品”，也是如出一辙之意。

更加直白地讲，开锣戏产品就是指你推向市场的第一款产品，当然也是你卖给顾客的第一款产品。开锣戏产品就是你进入市场的开路机，如果没有这台开路机，你就很难打开市场，很难较大规模地获得第一批客户。

如何设计一款能成功征战市场、收揽顾客的开锣戏产品？

请你务必记住，设计开锣戏产品的金三角执行原则。

➢ 原则一：开锣戏产品必须具有最大限度的市场普及性

何为市场普及性？

就是这款产品必须要尽可能覆盖到最大范围的消费群体，最理想的结果当然就是所向披靡。换句话说，在这个行业中，需要这款产品的顾客人数占了相当高的比重，如果只有少部分人需要，请不要作为开锣戏产品，否则即使你累得精疲力竭，也难以招揽到大量的客流量。

你想想，如果开锣戏产品的市场普及量很小，那这款产品能好卖吗？进一步想想，如果需要开锣戏产品的客户很少，那有机会买你后续产品的客户岂不是更少了吗？那还怎么赚钱呢？

记住，开锣戏产品的客户普及量决定整个产品系列的成交量。

例如，电影城应该把什么电影作为它的开锣戏产品？

但凡生意火爆的电影城一定会先大力推广本年度最流行的、最受市场欢迎的电影，以此来赚取客流量，并以此来拉动其他电影的销量。

像《阿凡达》《泰囧》《激情与速度 7》等电影已经成为那些最

卖座电影院的开锣戏产品，因为这类电影需求量大，也就是市场普及量大。

有人说，如果我是电影城的老板，我怎么知道哪部电影最受市场欢迎呢？

很简单，你每周都测试4～5部电影，然后直接根据第一批观众的反馈。若在观影期间，观众情绪跌宕起伏的次数最频繁；而且在观众观影结束后，全场震惊，现场一片哗然；观众走出影院后便开始热烈地议论，好评如潮涌，网络上的观后感一时间出现巨浪式的膨胀。例如，你通过百度、微博或相关社交平台搜索，同一时期内，好评类的搜索结果出现得最多的便是当期最受欢迎的电影。那么，你便可以觉察到，该部电影必须要成为影院在接下来一段时间之内的开锣戏产品，然后就是大张旗鼓地吆喝众多观众的光临。

再如，水果店掌柜应该把什么样的水果作为该店的主推产品？

假设你是一位卖水果的掌柜，通常情况下，你肯定是卖一个水果系列，而不仅仅是一种水果。但售卖有一个秩序，你应该把苹果作为你们店的开锣戏产品，也就是把苹果放在你店铺摊位的最靠前（最先接触路人过客）的位置，然后把其他水果品种依次放在后面位置（从室外到室内来陈列）。因为吃苹果的人比较多，而且人们吃苹果的频率也比较高。这里有什么玄机呢？最大的玄机就是消费常识！

你千万不要自作聪明，使劲推广那些人们不常吃的水果。像榴梿，不吃的人就很多，吃榴梿的人可能吃苹果，吃苹果的人不一定吃榴梿，反正我就没有第二次吃过榴梿。大街小巷的行人来去匆匆，一位顾客本来是在寻找苹果，结果在你的摊位前没能一眼瞧到苹果，他极有可能连问都不问你，直接奔向下一家水果店。

说一个更具市井化的现象，那些在路边摆摊卖甘蔗的小商贩，每天的业绩比无数水果零售店都高，不信你去调查好了。原因实在是太过明显，因为需求量大，爱吃甘蔗的人多，尤其是女性。

我在上海浦东新区的浦电路就亲自调查过，一介老头，只要把摊位摆在能容纳一千住户的小区进出口，平均每天能卖出 200 根甘蔗，日利润可达 500 元。试问，普通工薪族有几人能获得这个收入？

我不是号召你们去卖甘蔗，我要阐明的意思很明确——你的开锣戏产品是不是具有较大市场范围的需求普及性？

当你遵守了“市场普及量大”这个首要执行原则，你仅仅是符合了能对接市场的基本前提，但你的这款产品本身能不能在众多消费者的眼中出彩，能不能博得顾客对你产生需求倾向，还必须要遵守第二个执行原则。

➢ 原则二：自身优势突出，但对手比较薄弱

一个人的非凡价值体现在哪里？

就是你拥有别人不擅长的，或者你拥有胜过别人的能力。如此，世人才更愿意跟你交朋友。因为你有“被利用”的价值，这很直白，但这是现实。

你的产品凭什么能赢得更多人的好感？因为你的产品具备脱颖而出的优势，而你的竞争对手在这方面比较薄弱，所以，你依此设计的开锣戏产品就具备了能征战市场的筹码。

就像一位从事脑外科手术的医师一样，经过20余年的行医锤炼，对各类病例情况都了如指掌，而且也能对上百种疾病类型给出相应的低风险手术方案。从服务上来讲，他有长年的经验优势和精湛的技术优势。

就像一家顾客满盈的饭店一样，这样的饭店一定有特色菜或者叫招牌菜。有特色的招牌菜，就是有优势的菜品。这一类招牌菜，一定是那些懂经营的老板带着厨师一起孜孜以求，经过无数次调配，精心研制出来的精良菜品。

例如，假设有一款菜叫“无刺鲫鱼”，有多少人想吃，你想不想吃？如果有两家饭店都提供鲫鱼这个菜品，饭店甲提供有刺鲫鱼，而饭店乙提供无刺鲫鱼，你若想吃鱼，更喜欢去哪一家饭店？

“无刺鲫鱼”很显然可以成为一家中档饭店的招牌菜或特色菜——开锣戏产品，因为它符合了设计开锣戏产品的第一原则——大部人都喜欢也更愿意吃鲫鱼，因为味道鲜嫩，价格也不贵。如果是桂花鱼，价格有些贵，很多人吃之前就会多考虑一下。更关键的是，产品主打的是没有刺的鲫鱼，简直是方便极了，老少皆宜。我本人吃鱼都要吃十回卡三回的，但又特别爱吃鱼，如此一来，就立刻解开了我的“心头之恨”。

鲫鱼，本身是食客们的大需求；无刺，又是该产品的显著优势。因此，“无刺鲫鱼”这款菜，当然可以成为一家中档饭店的开锣戏产品的上上之选。重庆是无刺鲫鱼的发源地，一位年仅 25 岁的小伙子，把这款菜带到了南京，然后因此开起了一家中档饭店。生意做得风生水起，月流水额高达 25 万元。

再如，做英语培训的机构（我有学员就在做英语培训）应该把什么作为开锣戏产品？

但凡学英语的人都知道，英语本身是个大概念，它至少包含听力、口语、阅读和写作这四大主题。那么，你在哪方面优势最明显，你就应该把这个主题作为你的开锣戏产品。如果你的口语相当流利，甚至拿过国家一级口语大奖，这就是你的优势，这个优势一定要“肆无忌惮”地告诉你的学员。然后，开发一个课程如“30 天说一口纯正的美式口语”，那么，这个课程就可以作为你的开锣戏产品。

如果你的写作最突出，例如，你在高考或考研中，写作拿过满分或高分，那么，你当然应该把写作这个主题的训练内容研发成你的开锣戏产品，再把其他主题作为你的后续产品系列。

如果你在其他三个主题不是非常擅长，怎么办呢？你可以聘请别的比你更擅长的老师来研发后续产品，完善你公司旗下的产品系列。如此一来，才能轻易获得一席市场，并能带动更多的经济效益。

倘若你还不能为自己的产品找到核心优势，没关系，我会继续通过后面的成交第二步骤——卖点，来更加具体、更加透彻地为你讲解，从而让你能成功地找到自己产品的核心优势。

➢ 原则三：价格不高，但价值超越预期

所谓价格不高，最极致的打法就是要让所有的顾客都愿意而且有能力接受这个价格。

说得再具体一点，要让经济能力稍弱的人看到这个价格之后说："哦，这个倒没问题啊！"同时要让经济能力稍强的人看到这个价格之后说："哎，这不是小菜一碟嘛！"就是要这种对价格不太在乎甚至是轻视的感觉。

例如，699 元买红米手机值不值？至少对小米手机的粉丝来说，实在是太超值了。这款手机的出现，可以说完成了中国数亿低收入人群对"超酷型"智能手机梦寐以求的夙愿，从而，导致数千万粉丝为其唱赞歌，口碑就是这么生成的。

2014 年双十一那天，小米手机一举蝉联天猫商城销量排行榜第一名，其销量遥遥领先于所有同行和非同行。而当天，在小米系列产品当中，销量最大的就是售价 599 元的红米手机，这其实是小米公司早就预料到的，因为"红米手机"就是其所推广的开锣戏产品。

再如，28 元唱一次高档 KTV 或者去一次名叫"红粉世家"的颇有风情的酒吧，值不值？想不想去？传统企业就要通过各类互联网 O2O 平台来纳客。你要想招揽大量的顾客来你的实体店体验消费，不就得设计一款这样的开锣戏产品吗？

再如，美容美发店要想顾客满盈引爆生意，应该设计一款什么样的产品?

首先推出一款价格在20元左右的专业洗护头发的A套餐，通过洗护技师精湛的按摩手法，周到的服务，亲和的态度，养尊处优式的室内环境布置（如优雅的古典音乐在室内环绕），从而带给新顾客一种颇为舒缓的享受。如此之举就是为了赚取顾客的第一次满意度，下次他们就会更加倾向于选择B套餐，因为顾客会认为购买B套餐，一定会获得更加喜出望外的享受。

相反，如果你卖给顾客的第一款产品，价格高得惊人，而且你的产品品质和服务态度又实在是令顾客不敢恭维，你何德何能来让你的生意兴隆?

任何新顾客在第一次接触你时，都会不自觉地对你以及你的产品产生怀疑，而怀疑和决策本身就是矛盾的两个方面，怀疑是消费者在决策路上的那只拦路虎。你必须通过低价格来降低顾客的决策门槛。同时，通过高价值让他品尝到物超所值的味道，从而让初次跟你做生意的新顾客打心眼里发出一种超乎其意料之外的惊叹感："真是没想到啊，我花费了这么一点，却收获了这么大的回报，我真的很满意!"

好了，当我们按照"金三角执行原则"设计了一款开锣戏产品之后，我们应该怎么办?

我们必须倾全力向市场推广这款开锣戏产品，我们必须倾全力向顾客售卖这款开锣戏产品。

没有聚焦就没有杀伤力，聚焦的力量是很可怕的。光线通过放大镜聚焦到一点，一分钟之内可以将白纸燃烧，如果分散了，一天也燃烧不了！

销售产品也是一样，没有重点就没有力度，没有力度就没有杀伤力。无数老板和销售员一开始就想推广所有的产品，结果就是什么也卖不好；而如果开场戏产品卖好了，所有后续产品的销售，才有可能紧接着跟上来。

产品成交流程的核心思想就是把 99%的精力，花在成交开锣戏产品上，而不是百花齐放，急不可待，什么都要马上推向市场。

老板必须发动所有的力量和资源聚焦在推广这款开锣戏产品上面，无论是广告投放也好，经销商也好，还是销售员也好，都要竭力销售你所设计的开锣戏产品。

假如，有 10 个产品，准备用 100 万元广告费，大多数人会怎么做呢？大多数人都会把每个产品平分 10 万元来推广。结果发现，没有一款产品能获得市场的突围，因为没有轰炸效果。你应该把 100 万元广告费全放在一款开锣戏产品上面。同时，要明确地告诉你的经销商、销售员以及各级营销渠道，先卖这款开锣戏产品！

一款产品卖好了，顾客对品牌的信任感得到了提升，后续的产品才有机会跟上来。

一个公司能不能有机会轻易打开市场，关键就看它是否有设计出一款成功的开锣戏产品。

而一个公司是不是能快速地进入市场，聚拢一大批顾客资源，关键就看它有没有聚焦大力气去推广这款开锣戏产品。

你有没有成功地设计出一款开锣戏产品？

你打算花多大的代价来推广这一款开锣戏产品？

当有陌生顾客光临你的店铺时，你是专心地向顾客介绍那款开锣戏产品，还是急不可耐地介绍所有产品？

记住，你卖的第一款产品，决定了你整个生意的成交效力。

层级二：中轴戏产品

设计开锣戏产品的主要目的是普及市场，为了更轻松有效地获得客流量，但你不见得能赚多少钱。因此，我们设计中轴戏产品，就是为了实现大面积盈利！

但是，非常遗憾的现状是，很多人即使有了后续产品系列，依然无法赢利，因为顾客买了开锣戏产品之后，不再进一步产生后续消费了。

为什么顾客买了开锣戏产品之后，即使比较满意，也很难有意愿去继续购买中轴戏产品？

因为你的后续产品和开锣戏产品之间没有形成必然性的需求匹配关系。

什么叫作需求匹配关系？

所谓需求匹配关系，要么就是需求互补，要么就是需求升级。

你的产品系列当中所包含的子产品，只有形成需求互补或需求升级的强逻辑关系，顾客才有足够的理由购买后续产品，而且这种理由会强大到甚至都不需要你说服，顾客就会自动被说服，只要顾客的经济条件没有大碍，只要他们认可你的开场戏产品。

什么是需求互补关系？

例如，苹果手机、苹果平板与苹果计算机，这三者之间就能形成需求互补的连接关系。当一个用户首先使用了苹果公司的iPhone手机，而且特别喜欢，他极有可能继续购买平板和计算机，因为用平板看电影更方便，用计算机办公更方便，这三类产品满足的是同一个用户的互补需求。

又如，正装衬衫和西装就是需求互补的强逻辑关系。一位顾客穿了正装衬衫，必定还有穿西装的需求。因此，一个服装品牌或服装店，就可以把正装衬衫作为开锣戏产品，西装作为中轴戏产品。只要这款正装衬衫符合开锣戏产品的三大原则，那么，这两款产品都能非常轻松地卖掉，只是一个时间和秩序问题。

再如，洗头发和剪头发就是需求互补的强逻辑关系；培训留学式英语的培训机构，其英语培训班和为学员办理出国留学的服务，就是典型的需求互补的强逻辑关系。只要把英语培训班依据“三原则”打造成开锣戏产品，整个销售成交问题就变得非常简单了。

我前面所讲到的英语训练当中的听、说、读、写四大版块，也是明显的需求互补关系。

什么叫作需求升级关系？

意思就是，你的开锣戏产品是为了满足某种需求，后续产品则是对上一个需求的进一步提升。人们的渴望是无止境的，顾客会顺着一个需求阶梯不断往上爬，买了套房还想买别墅，住过三星级酒店还想住五星级酒店。

因为人们的需求是不断升级的，因此，如果你的后续产品是开锣戏产品的升级需求，那么，只要你的开锣戏产品中了顾客的下怀，后续产品的销售只是顺理成章的结果。这就是我常常给客户和学员所讲的——好的产品流程能轻易地推动成交流程的进展！

例如，电影《叶问 2》和《叶问 1》就是需求升级的产品关系。凡是钟情于看电影《叶问 1》的忠实观众，一听说《叶问 2》上映了，就会争先恐后地去买票，他们几乎不需要被电影宣传公司的轰炸式海报来说服。更具杀伤力的效应是，当《叶问 2》还没有上映时，甚至都没有开始拍摄，就一定已经有无数的观众在热切地期待《叶问 2》的问世。因为这些观众自己觉得:《叶问 1》很精彩,《叶问 2》一定更精彩，这就是观众的自我说服逻辑。

同理,《叶问 3》又是《叶问 2》的再一次升级，势必又能拉起观众的再一次期待。也就是说，每一次的升级产品，都会将其票房上升到一个更高的台阶。更关键的是，下一次相对于上一次来说，节省了大量的推广及销售成本。

如果这个电影投资方在拍摄《叶问 1》之后就此中断，并没有继续拍续集，反而挖空心思去拍其他的电影，其票房就不好保证了，而且推广的成本又要重新回到原点。换句话说，这就是不懂商业思维的后果。

如果前面已经有了一款产品的成功，你只要再升级一次需求，销售就是轻而易举的事情。就以我来说吧，如果《销售就是要锁定成交》这本书受到不少读者的认可与好评，我只要再写一本《销售就是要锁定成交 2》，我百分百相信，一定有一部分读者会主动找我购买，而且，并不需要我使劲说服他们，只需要通知他们即可。

你看，成交就是这么容易。其实，我只是在利用产品流程思维来轻松打通成交流程而已。这一点，请你一定要仔细想明白，为什么你成交客户这么困难？因为你没有产品流程思维，你只是在想你怎么把自己的产品推销给你的客户，而并没有思考，如何利用顾客的需求来牵引他们往后面走。

一个是被动推销，一个是主动需要，成交效率一定是大相径庭的。

我有一个咨询客户在湖南长沙开了家小学生英语口语培训学校，相当于课外辅导班。经营了两三年，效果都不理想，每年的营业额不到 200 万元。主要是招生难，换句话说，就是不会卖。

2014 年 3 月的时候，该校的校长通过一个房地产中介公司老板（也是我的客户）的介绍找到我，请我做营销咨询。

之前的价格方案就是一个月 3980 元，然后通过发传单的形式进行扫楼式的推销，这是典型的传统营销方式。

如何帮他改进？非常简单。我只给了这个校长四个步骤而已。

第一步：至少请三位懂中文的外籍老师，学生家长肯定更相信外籍老师的口语更纯正，水平更高。之所以作此举，就是为了给该校增加招生的价值筹码，构建更强大的信任。

第二步：把 3980 元后面的那个零砍掉，价格变成 398 元，作为十天的初级口语培训班，也就是打造一个具有吸引力的开锣戏产品，降低学生家长的决策门槛。

第三步：找到长沙本地有点档次的小学，让这些小学的老师向他们的学生推荐这个课外辅导班，提升学生的口语能力，并给予推荐成功的老师 200 元的酬劳。

第四步：在初级班培训结束的前三天，让小孩把家长带到课堂上来。带过来干什么呢？因为初级班即将要结束了，我们要举行一次口语演练和口语比赛。之所以把家长请过来，一是让他们看看孩子们的学习成果如何。二是让老师们在此期间推荐一个价格 4980 元、为期一个季度的中级班。

想想看，有哪些人会继续报名呢？那些口语表现突出的，比赛成绩较好的孩子的家长们，势必会让自己的孩子继续参加中级班的培训。因为人们往往在取得一点成绩之后，就更希望获得更好的成绩，这是人性使然。

而那些成绩不太理想的孩子们，就更需要进一步提升了，因为家长们都不愿意自己的孩子不上进或者落后于别人。因此，这个成交环节将变得非常容易，因为家长们很明白，中级班一定比初级班的价值大，高级班的价值就更大了。

经过我这四大步骤的改进，结果在他们整个师资力量强力执行的一年之后，年营业额从过去的不到 200 万元提升到了接近 500 万元。其实我只是帮其作了一些营销方面的改善，还并没有从品牌树立、产品价值以及战略整合方面作全方位的优化和改进，就已经获得了显著的成效，这就是成交流程所带来的价值效应。

因为初级班、中级班和高级班就是我们所设计的一组需求升级型的产品系列，我们只要把初级班打造成好卖的（符合三原则）开锣戏产品，然后，全力推广这款开锣戏产品。如此一来，整个成交流程就会依次顺利地进展下去。

所以，要想通过产品流程来打通整个成交的难题，我们千万不要执拗地站在自己的角度成天想着制造产品、推销产品，我们只要时刻想着怎么去顺应顾客的需求一步一步往前走——销售和成交真的很简单。

说得再极端一点，如果你能设计一款免费的开锣戏产品，然后，在这款产品的基础之上再寻找另外一个与之互补的客户需求，或者寻找一个升级的需求，再把这个需求设计成中轴戏产品，那么，成交这件事情，就简单到家了！

这就是产品流程的强大力量！

记住，开锣戏产品帮助我们为市场开路，轻松完成第一次成交；中轴戏产品帮助我们赢利，并带领顾客主动迈进另一个购买门槛。

层级三：压轴戏产品

通过开锣戏产品的普及以及中轴戏产品的加持，已经有一部分顾客对我们的产品产生了一定程度的消费惯性，他们希望从我们这里获得更完善的解决方案。换句话说，他们还有更多的需求和更高的诉求等着我们来满足。

因此，压轴戏产品就有了存在的重大意义。

设计压轴戏产品的核心意义在于：

① 筛选出高端而忠实的客户；

② 轻松获得更高的利润；

③ 构建你的市场领袖地位。

我们每个公司都有必要来打造压轴戏产品，不仅是为了构建你的竞争壁垒，而且，你的客户也将变得更加优质。因为，购买压轴戏产品的客户已经对你产生了足够的信任，你要做的，就是开发你的高端产品，以满足高质量客户群体更高层级的需求和渴望。

所以，压轴戏产品的成交也依然只是一个牵引顾客主动购买的过程。就像是一群游客去爬山，大多数人都会爬到半山腰，而且，一定会有一部分更有能力的人会继续攀登至山的顶峰，因为顶峰的风景更辽阔。攀登高峰，望尽天涯路，尽收天下美景于眼底，岂不是更痛快？

而那些暂且还停留在半山腰的人，也只是暂时能力不够，但他们也向往去顶峰。等有一天，当他们储备了足够的能量和精力时，一定会努力向上，迈向高峰!

顾客购买产品不就是这样一个不断向上爬阶梯的过程吗?

正因为如此，我们就明白产品流程设计的精妙所在，我们就是要使用开锣戏产品、中轴戏产品以及压轴戏产品来引导顾客逐步爬阶梯，从而顺利地实施整个成交流程。

例如，中粮地产有价值一百多万的普通楼盘，也有价值一千万元的豪华住宅，更有价值一亿元的花园别墅。住普通楼盘好几年了的客户，一定更希望自己有朝一日能住上豪华住宅，所以，他们会奋力提升自己的经济能力；享受过了豪华住宅的客户，也一定会有一部分人渴望拥有花园别墅。

再如，苹果公司有 1500 元的 iPhone 4S，有价值 7000 元的更酷、性能更强大的 iPhone 6 Plus。从使用 iPhone 4S 一直到拥有 iPhone 6 Plus 的用户，我相信不在少数，因为苹果公司一直在不断地满足用户的更高需求，同时也在不断强化其市场领袖地位。

当我们力求成交时，要尽可能省去一些不必要的沟通、说服甚至是推销，要吸引顾客主动跟我们发生业务合作关系，让成交过程变得更高效、更简单。

如此，我们才能腾出更多的精力来服务好老顾客，我们才能打造更好的产品来满足顾客的更高需求，这也是我一贯倡导的商业原则。如果你只会成交，后续服务和产品却跟不上，第一次成交的那些顾客也依然会离你而去，那不是经商的长久之计。

我也是希望通过这本书，帮助读者朋友们把成交这个问题解决了之后，逐步向长久的经商原则靠近。

当产品流程讲到这里之时，你可能会说，周老师，我的产品都是一样的，实在是没办法设计出另外一款需求互补或升级的后续产品，例如，消费品应该如何设计产品流程呢？

其实你已经具备了产品流程的基因，因为消费品本身就能直接产生重复消费，消费品本身就有天然的优势来引发后续的消费。

例如，你是卖大米的，你的大米尚没有非常响亮的品牌知名度，但你的大米真的很好吃，煮出来的饭特别香，口感也很不错。那么，你可以按重量来分为几种袋装，有 3 斤一袋装的，有 20 斤一袋装的，还有 50 斤一袋装的。其中，3 斤一袋装的大米，就是你的开锣戏产品，目的是打开市场，让新顾客先来体验这个品种的大米。如果顾客真觉得这款大米的品质很不错，那么，他下次必定会购买 20 斤袋装或 50 斤袋装的大米。这样一来，一位新顾客就进入了你的后续成交流程。

这是我所讲的消费品的产品流程设计。但假如你卖大型工业设备，比如说挖土机这样的高单价产品，顾客买了一台后，很可能五年十年都不需要更换后续产品，那怎么才能卖好呢？别着急，我将会在后面的五个成交步骤教你怎么来卖。

以上就是我所讲的产品流程设计，希望你好好领悟。接下来，让我们继续看，与产品流程高度关联的另一道流程——价格流程。

流程二：价格流程

价格流程一定基于产品流程，因为你是在对产品进行定价。

也就是说，你要先把开锣戏产品、中轴戏产品和压轴戏产品这一整套产品流程打造好，即使后面几款产品还没有研发出来，也并无大碍，但是你必须先设想出来，这叫战略思维。就像苹果手机一样，当推出了 iPhone 3 之后，后面一定还有苹果 iPhone 4、5、6，这是事先就规划好了的。

当把产品流程设计好之后，就是对这套产品流程当中的不同产品设置不同的价格。通俗地讲，就是设计这个产品系列当中各个子产品的价格关系，以形成一套价格体系。

之所以要设计价格流程，就是为了一步一步消除顾客的购买障碍，以便不断进入你的成交流程。如果不建立价格流程，即使你的产品本身再有价值，顾客也会因价格而止步。

如何设计价格流程呢？

设计价格流程=设计价格梯度+设计价格差距，你必须遵循这两大核心原则，不可违背！

- 原则一：设计价格梯度

什么叫作价格梯度？

意思就是，你的子产品的价格之间必须形成一个阶梯，从开锣戏产品，到中轴戏产品，再到压轴戏产品，价格一定是由低到高，以形成一个梯度关系，这个关系要求我们在设计价格流程时，必须做到两点：你所销售的开锣戏产品的价格在整个产品系列中一定是最低的；后一款产品一定比前一款产品的价格要高。

为什么价格要从“低”开始？

这是因为消费者的决策心理是有一个梯度的，简称“决策梯度”。

“决策梯度”是我新提出来的一个名词，就像爬楼梯一样，消费者站在地平面，让他爬上第一层比较容易，让他跃过第一层一下子爬到第二层比较困难，如果你让他一下子从地平面爬到第三层就更困难了。

其实，决策梯度的产生就源自于两度——信任度和渴望度。当一个新顾客在起初接触你时，他与你素昧平生，对你的信任度和渴望度都是最低的。随着了解的深入，当他尝到了甜头，体验到了产品的价值，他才会越来越信任你，也越来越渴望你的产品。

也就是说，消费者对你的信任度和渴望度是由弱到强、由浅入深的。因此，消费者自身的决策梯度当然也是由弱到强、由浅入深的。

每一个决策梯度都会对应一个价格梯度，换句话说，你推出的价格梯度如果没有跟消费者的决策梯度匹配上，消费者就很难作出购买决策。

具体来说，顾客不可能第一次接触你时，就买你很贵很高端的产品，你的价格度很高，但顾客的决策度还没有这么高。

在成交上，99%的人之所以遇到障碍，首先就败在一上来就想卖最高价格的产品。我发现有些老板很奇怪，例如，他有一款产品售价 5 万元，为了鼓励员工更加拼命努力，他答应给员工 2 万元的销售提成。但遗憾的是，销售如同蜀道难，难于上青天，就是卖不动。

最后导致一个巨大的悲哀，他们自己会慢慢对公司的产品失去信心，从而导致员工也开始对产品价值产生怀疑。

没错，你的分配机制确实非常有吸引力，但你的顾客很难作出购买决策啊。我们首先要解决的必须是顾客的接受问题与决策难题，如果顾客不买，你设置再高的销售提成又有什么用？

➢ 原则二：设计价格差距

什么叫价格差距？

就是指你所设置的几款子产品的价格，必须拉开明显的差距，没有差距就不存在流程之说。

凡是在同一系列的子产品之间，在价格上没有拉开明显差距的公司，其经营结果只有两个：要么，销售会变得非常辛苦；要么，收到的利润会比较薄弱。

你想想，最直观的价值是怎么反映出来的？

顾客在不了解你的产品之前，他对你产品价值的首因判断就是价格。假如说，你现在是我的员工，因为你工作表现突出，成果显著，我准备奖励你一台轿车，有 300 万元的车、30 万元的车、10 万元的车，供你选择，你第一反应会选择什么车？

毫无疑问，即使我不告诉你车的牌子，你也会选择 300 万元的车，因为你认为 300 万元的轿车一定价值更高。你之所以觉得价值最高，就是因为你是通过价格判断出来的。

当顾客买了你的开锣戏产品之后，他看到你同类的其他产品价格不相上下，他就会直观地认为其价值也会不相上下。因此，他就不会对你的后续产品产生强烈的欲望和张力。

如果你的开锣戏产品卖 368 元，结果你的中轴戏产品也只卖 388 元，他会直接认为后者的价值比前者的价值根本高不到哪儿去，他哪来的购买欲望？成交流程就此中断！

如果你把中轴戏产品的价格改成 698 元，那么，顾客对你这款产品的购买欲望马上就会迸发出来，因为他会凭第一感觉认为，698 元的产品价值一定比 398 元的产品价值高很多。他会不会立即作出购买决策，我们无法断定，但他一定会对你的后续产品萌发出想要的冲动。当他了解了具体的价值之后，只要经济条件能接受，就极有可能作出购买决策。

你想想，只要顾客继续购买，你自己不也就赚钱了吗？这是两全其美的事情，反之，就是两败俱伤。

那么，在同一产品系列的前后两款产品之间，我们到底应该拉开多大的价格差距呢？

我现在给你两个更具体、更实际的打造价格差距的方案。

打造价格差距方案一：如果针对实物产品，像工业设备、汽车、家具等，前后两款产品之间至少要拉开 1.5 倍的价格差距，一般情况下，最好不要超过 2 倍。

例如，奥迪汽车 A 系列产品，从 A1 一直到 A8，价格分别从 20 万元左右一直升到 80 多万元。一位开过奥迪车的客户，他已经感受到了奥迪 A1 的尊贵、大气和相关性能，然后，他发现奥迪公司出了升级版 A2，价格为 30 多万元。很明显，这两款车之间产生了 1.5 倍的价格差距。于是，这位客户就会很明显地感觉到 A2 一定比 A1 更好，所以，他就有足够的欲望去购买奥迪 A2。反之，如果奥迪 A 系列的定价分别是：20 万元、21 万元、22 万元……这就是败笔，因为客户没有觉得这几种定价的产品性能之间有明显的飞跃，所以他没有强大的动力去购买下一款奥迪产品。

这，就是打造价格体系的商业思想！

再如，但凡抽过芙蓉王香烟的人应该都清楚，芙蓉王香烟有三款典型的产品：从 23 元的黄色包装，到 35 元的蓝色硬包装，再到 60 元的蓝色软包装，这三款产品恰好就对应了我所讲的开锣戏、中轴戏和压轴戏产品。

因为有了这样的价格差距设计，就会导致一个很显著的客户认知：凡是抽过 23 元芙蓉王的烟民，一定会认为 35 元的芙蓉王比前者口感更好——价格就直接体现了档次。所以，一定有一部分人会时不时地去抽 35 元的这款产品。然后，也一定会有下一拨人购买 60 元的那款香烟。

你看看，芙蓉王香烟就是靠这样的价格差距不断拉升烟民的购买欲望和购买行为的。

但假设芙蓉王香烟的三款产品，分别定价为 23 元、25 元、29 元，这也是明显的败笔。换句话说，后面两个价格的产品就是多此一举。

再如，小米手机的产品系列，从红米的 599 元一直到小米 5 的 1999 元，其价格差距模式也依然是异曲同工之妙。

打造价格差距方案二：如果针对虚拟类产品，像传播文化知识类、服务类以及会员类的产品，前后两款产品之间至少要拉开 2 倍以上的价格差距！

例如，做健身俱乐部的商家应该怎么做？

会员卡就是你的业务模式。黄金卡会员、白金卡会员、钻石卡会员，就是你最经典的升级产品系列。假设你把黄金卡会员定价为 288 元，把白金卡会员定价为 888 元，再把钻石卡会员定价为 3888 元，这样的价格体系就算合格了。

再如，假设你是做美容美发的商家，那么，你就可以按服务价值设计 A、B、C、D 四个等级的套餐，但价格必须呈现明显的递增关系，这个递增差距至少两倍以上。

如果你四个套餐的价格分别设为 20 元、25 元、30 元、40 元、就很难驱动顾客进入整个成交流程。如果定价为 20 元、48 元、98 元、198 元，就是明智的价格流程。因为顾客会认为后面的套餐一定比前面的套餐更好。只要对 20 元的 A 套餐感到满意，就一定会有一部分顾客进入后续成交流程。

再如，我前面所讲到的小学英语培训班案例，从 398 元的十天制初级班到 4980 元的季度辅导中级班，价格差距拉开了不止十倍。

关于价格流程的设计，这里需要特别强调一下，设立价格梯度和价格差距必须是你卖给同一类客户而且是同一品类的产品系列，才具有这样的价格关联。

例如，同一品牌的黄金项链，但成色不同或含金量有差异；都是同一品牌的跑车，但款型或档次或马力不一样；都是同一品牌的笔记本电脑，但性能不一样；都是同一品牌的白酒，但陈酿的工艺和时间不一样。

这些都是真正标准化的产品系列，这些子产品之间就具备价格流程的关联。

如果你开一家超市，又卖大米又卖酒，这就不存在什么产品流程或价格流程的关系，因为不是同一群顾客，也不是同一个品类，买大米的顾客不一定需要买酒。

即使是同一品牌，也可能会有不同的品类。那么，这个品牌下面的不同品类的子产品，当然不存在这样的价格流程关系。

就像苹果公司的手机、计算机、平板电脑，虽然能构成需求互补的关系，但并不一定要遵循这个价格流程关系，因为手机、计算机、平板电脑，明显不是同一个品类。

品类与品类之间的不同，就代表需求性质的不同，不同性质的需求，导致不同品类的诞生。

既然说到这里，我也特别想给创业者一个忠告，对于中小微创业家而言，一定要把你的能力、精力和时间聚焦到一个细分市场，把一个品类做好，做精，做专，做出竞争力，而不要轻易去进行品类的扩张。

你不是苹果或美的这样的大公司，你要专注的事情，就是在同一个品类下，设计三款具备紧密需求匹配关系的产品。然后，靠开锣戏产品为市场开路，让顾客能轻易地接受你，从而进入后续产品的成交流程，做业绩，立品牌！

当我们明白了价格流程的设计之后，综合前面所讲的产品流程思维，现在，我要为你揭示一个做生意赚钱的玄机，其实不算什么玄机，在我看来，只是商业常识。

为什么生意做不开，钱也不好赚？

现在，我来告诉你四个重要的原因。

原因一：你没有打造一款成功的开锣戏产品。

没有开锣戏产品，所以就难以快速地普及市场，难以拉取客流量。更加切实地讲，就是销售会很困难，也就是我所讲的产品流程的第一环节没设计好。

如果你是老板，请不要责怪你的销售员。没有开锣戏产品，让你自己来卖，也不一定能卖好；如果你是销售员，请建议你的老板设计一款开锣戏产品，就是你所销售的第一款产品必须让顾客很容易接受，如此，你的销售才会变得真正高效起来。

原因二：没有后续产品系列。

如果没有后续产品系列，就很难有机会实现大面积盈利。市场上很多专家都在倡导一种法则，叫作单品制胜，在我看来，单品制胜这个概念显然有失偏颇，只说对了半句。

单品只是市场开路机，其实就是开锣戏产品，如果改成靠单品引爆市场，这个说法就靠谱了。

没有单品，很难打开市场；只有单品，很难赢利。更关键的是，顾客不会持续跟着你，顾客之所以愿意持续购买，不就是因为你能持续满足他的需求，你能持续提供更高价值的产品吗？

原因三：整个产品系列没有形成需求互补或需求升级的强逻辑匹配关系。

为什么无数电商卖家倾全力把某款产品打造成了爆品，销量也很可观，最后却发现，整个店铺的盈利状况相当微薄？这种情况在淘宝、天猫、京东是不是司空见惯？

因为顾客没有继续购买店铺的其他产品，之所以没有继续购买，就是因为其他产品跟爆品没有形成紧密的需求匹配关系，所以，他们没有强烈的理由来继续购买。

原因四：产品系列当中的子产品，没有拉开明显的价格差距。

没有形成由低到高的价格差距，顾客就不能直接感知到也难以相信你后续产品的价值。所以，他们心中的购买渴望还是不够强烈。

找出以上四大原因之后，我们就能重新规划我们的产品系列，怎么做呢？

第一步，推出并销售一款市场需求量大而且具备明显优势的开锣戏产品，假定命名为 A。

第二步，根据 A 产品对客户的价值需求，再寻找另外两款与 A 产品能进行需求互补或需求升级的同品类产品，假定命名为 B 产品和 C 产品；

第三步，给这三款产品设定由低到高的价格梯度。

产品流程和价格流程的核心，就是以上这三步，你在做任何销售业务之前，只要先把这三步打通，你就具备了顶层的成交思维，不慌、不乱、不迷惘，一步一步吸引顾客购买你的产品！

流程三：客户流程

客户流程，说的就是成交客户的顺序。具体来说，也就是当打造好产品流程与价格流程之后，应该把产品先卖给哪些人，其次再卖给另外哪些人。

成交效率跟所瞄准的顾客有着直接关系，成交效率越高的人，是越懂得客户流程的人！

因为不同客户的购买决策速度是不一样的，有的客户可能在与你接触之后的短时间内就能决定购买，有的客户可能需要犹豫考量比较长的一段时间，而我们必须以成交效率为核心原则。因此，当我们在做销售时，必须先成交容易作出购买决策的顾客，然后再考虑那些比较纠结的顾客，甚至有一部分不精准的顾客，你可以直接放弃。

金钱诚可贵，时间价更高，我们要把有限的时间投入到那些真正与我们有缘的客户身上，这一点，是客户流程的核心思想。

那么，哪些客户最容易作出购买决策呢？换句话说，我们应该先成交哪些客户呢？

参照以下三大原则，将保证提升你的成交效率。

➢ 原则一：先成交需求最强烈的客户

对于销售也好，推广也好，我们常常都在说，应该寻找最精准的客户。事实上，所谓最精准的客户，首要的参照原则，就是看哪些人最需要我们的产品。

同样是做招商推广，你在娱乐频道做广告，竞争对手在财经频道或创业频道做广告，一开始你就输了，销售业绩怎么能比？

观看娱乐频道的人，对商业项目几乎没有需求；而关注创业频道的人，很可能正在找好项目。

如果你有好项目想招商的话，你就组建一个创业论坛，把那些想创业的人或者想要好项目的人聚拢在论坛上，你作为主讲嘉宾上去分享你创业的故事和心得，然后在演讲的过程当中，三番五次地介绍你的项目。只要你的项目确实吸引人，而且你的演说能力不太差的话，我保证你一定能招到商，因为来的人都是想要创业的人。

如果是卖产品或服务，那就更直接了。

假如你在做健身的事业，如果要发传单，应该发给谁呢？当然应该发给肥胖的人，肥胖的人对健身的需求最强烈。

如果你做网络营销，其实也很简单。只要你在你的网站上加一个检测肥胖指数的表单，收集客户所填写的表单信息，你每天都能收集到最重要的营销信息，也就是哪些人的肥胖指数比较高，然后以瘦身顾问的形式把你的瘦身产品推荐给他们，因为他们最想要瘦身。

做生日蛋糕的专卖店，怎么提升业绩？首先，你想想，什么人最需要买生日蛋糕呢？或者说，人们在什么时候最需要买生日蛋糕？当然就是过生日的时候。

因此，每当有光临的顾客初次购买生日蛋糕后，你就给一个优惠或以送赠品的理由留下顾客的姓名及联系方式（当然，留下微信更方便），尤其是要记下这一天的日子（这一天一定是他亲朋好友或他自己的生日）。等到下一年同日的前一天，你再以温馨的祝福口吻主动通知他，他十有八九就会买你的生日蛋糕，因为你知道这些顾客刚好需要。如此一来，蛋糕店每天都不缺业绩了。

再如，止泻药应该卖给谁？当然是拉肚子的人。所以，去厕所做广告就能最快速地获得成效。

再如，冰镇可乐卖给哪些人？炎热的夏天，那些在篮球场打篮球的人，那些在工地里干活的人，你推一箱冰镇可乐，马上就卖掉了，因为那些人的需求最强烈。

再如，装修公司如何开展业务？找到房地产零售商，以合作的方式把其客户名单拿过来，再直接跟这些顾客进行沟通，因为买了房子的人，下一步需求当然就是装修房子。

所以，你每次在做销售之前，就先问自己，哪些人的需求最强烈，或者问自己，最需要你产品的客户在哪里，然后主动提供解决方案，你的业务成效一定会获得质的提升。

➢ 原则二：先成交消费能力最强的客户

为什么你的销售这么累？

因为你面向的顾客群体消费能力太弱，而你想让一个消费能力弱的顾客作出购买决策往往是极度困难的。同样的产品，卖给不同消费能力的顾客，其成交的结果会大相径庭。

同样卖价格 60 万元的汽车，如果你找的客户全是月薪 8000 元的工薪族，而别人瞄准的对象都是年收入过百万元的富人，谁卖得快？谁能卖出更好的业绩？

如果是卖 60 万元的汽车，你在普通住宅区做广告与在别墅区做广告，效果会有惊人的差别！

无论是卖什么产品，面向的顾客群体决定了产品的价格，反过来说也一样，产品价格决定了应该先卖给什么人。所以，我常常跟我的学员朋友们说一句话，要想筛选出有消费能力的顾客，最简单、最直接的途径就是价格筛选。

例如，卖房卖车，在做市场推广时，宣传册上面也好，海报上面也好，都必须要明确标注出价格，最低价格是 200 万元/套，还是 300 万元/套，这都必须清楚明了地告诉顾客，这样一来，凡是能被吸引过来的顾客，基本上都是有这个消费能力的人。

如果不标价格的话，吸引过来的很可能就是形形色色、参差不齐的顾客，有些顾客的消费预算可能只有 80 万元，有些顾客可能最多只愿意支付 150 万元的买房费用，他们都不是你的精准客户，这样，你的销售效率自然就会变得缓慢。这是无数营销人或企业老板都严重忽视的问题，因为没有筛选出真正有消费能力的顾客。

价值与价格的对等交易是天道规则，商业动机不是用来掩饰的，而是要简单直接挑明了说，否则，彼此之间的做事效率都会变得极其低下。很多人跟别人沟通谈判，非得绕 180 个弯，委婉到了极点，沟通了几个小时，蓦然回首，终于发现对方根本没有合作的能力。一段上好的光阴被其碌碌的行为磨灭，岂能不汗颜？

假如不是卖房卖车这等高单价的产品，怎么知道谁是有消费能力的顾客呢？

记住了，那些购买你开锣戏产品不为价格纠结的人，基本上就是有消费能力的顾客，那么，你在卖下一款产品的时候，就先卖给他们，便会相对容易成交。

因为开锣戏产品本身就是你产品系列当中价格最低的那款产品，如果顾客很想要这款产品，却又因为价格而犹豫纠结很久，那么，可以直接判断他的消费能力不是特别强，再期望这位顾客继续购买价格更高的产品，就会变得比较困难。

➢ 原则三：先成交最忠实的客户

成交最容易在什么人的身上发生呢？

最忠实的客户！

所谓最忠实的客户就是最相信你的人、最认可你的人！

新产品上市，应该先卖给哪些人呢？毫无疑问，先卖给那些过去对你产品和服务比较满意的人，先卖给那些认可你的人，只要是真正认可你的人。成交只是一件轻而易举的事情，根本无须使劲说服。

如果有新产品没有先通知他们，那些老顾客甚至可能还会反过来责怪你："怎么现在才告诉我呢？"这就是因为你不懂得经营客户流程的结果。

浙江金华有一个汽车清洁设备供应商，主要业务是给4S洗车店提供洗车设备和洗车原材料，大概有2000家长期合作的洗车店客户，年营业额2000万元。后来为了做大规模，为了打造行业的竞争力，又开发了一款汽车空气去味剂的产品，主要作用就是用来给车内空气进行去味消毒杀菌，功效特别好。

这款产品应该怎么卖，怎么切入市场？很简单，先卖给这2000家洗车店，因为他们都是信得过你的老顾客了，很容易接受。如果再发动转介绍，仅从这个环节上，就至少可以让十几万私家车车主都能用上你的产品了。

永远记住，最信任你的人，最忠实的客户，最容易成交。你的好产品应该先跟他们分享，先卖给他们。"兔子先吃窝边草"，你连窝边草都不抢住机会先吃到，还想去吃远方的草？

客户流程的核心原则，就是先选人，人选对了，销售就会轻松很多。一开始就没选对人，销售大师也得费掉九成功力，还不见得有成效。

整个成交流程的核心指导思想，就是要按照人们的接受秩序，依次设计产品流程、价格流程和客户流程。我们只有由浅入深，由易行难，层层递进，方能步步为赢。正如老子所言：天下难事必作于易，天下大事必作于细！

事先设计好了成交流程，就能清晰明了地知道：应该先卖哪一款产品，应该先卖什么价格的产品，应该先卖给哪一类顾客。那么，如何把单一产品，尤其是我们要销售的第一款产品——开锣戏产品卖好呢？接下来的五个成交步骤，就会彻底帮你解决单一产品的成交问题。

第2步 销售就是要锁定成交

找出卖点

任何一款产品，决定其好卖的先决条件就在于它是否具备显见的卖点，有卖点的产品才能引人关注，没有卖点的产品将被人漠视。

也许无数人都听说过卖点这个词，但很多人的理解还是极为抽象，导致他们很难从实际出发，为自己的产品找到卖点。

其实并不需要着重研究专业术语，只需要遵循商业的常识，立足于购买的本质，便不难解开卖点的含义。

想要顾客购买你的产品，显然需要为顾客找到购买的理由。

什么叫卖点?

卖点就是购买理由，产品的本质就是购买理由，任何人购买任何产品，其背后都必定有一个购买理由。如果没有找到这个购买理由，你的产品毫无疑问是没有价值的。

既然是购买理由，当然是对顾客有利的那些理由，因为你对我有利，所以我才购买你，这就是最简单的购买逻辑。

之所以买一台空调，因为空调能让你更暖和或者更凉快；之所以买一辆车，因为车能让交通变得更便利；之所以喝“王老吉”，因为“王老吉”能预防你上火；之所以阅读《销售就是要锁定成交》这本书，是因为你希望学会如何做成交！

购买行为的背后一定对应购买理由。你去买东西需要购买理由，别人买你的东西同样需要购买理由。

换句话说，就是用购买理由来驱动顾客产生购买行为，当你在卖任何一款产品的时候，有没有先站在顾客的角度认真思考：“我的顾客买我产品的理由是什么呢？是什么呢？到底是什么呢？”

永远记住，顾客的购买理由就是你产品的卖点。

卖点一：结果

结果就是指，当顾客使用产品之后，他能收获到的好处或者是他希望达到某一个更好的生活状况。就像经常有朋友说他去年做了什么事情，我们往往会紧接着问一句：“结果呢？”言外之意就是问他，通过做这些事情，他有什么收获。

消费者在购买产品之前，浮现在他大脑当中的那个最大的期许式疑问，就是这三个字——结果呢？

你只有把消费者所期许的那个结果提前告诉他，才能真正打开购买的那一道阀门。

成交不是要卖产品，而是顾客要买结果，要卖的产品跟他没关系，卖的是顾客想要的结果就跟他有关系了。

例如，卖化妆品，顾客买化妆品是为了让自己变得更美，“美”是顾客想要的结果，化妆品只是帮他们实现这个结果的桥梁。

再如，顾客不是在买牙膏，而是为了收获“一嘴洁白而健康的牙齿”这个结果，只是他们需要用牙膏来实现。

再如，人们不是在买照相机，而是为了留下“美好的景象，快乐的时光和对回忆的珍藏”这个结果，只是他们需要照相机来帮他们实现这个结果。

顾客之所以没有意愿购买你的产品，首要原因就是因为你只是站在自己的角度在介绍产品，而没有告诉顾客，使用你的产品之后，能给他带来什么结果。

因此，要想成交顾客，必须要先站在顾客的角度思考，他们最想要的结果是什么，然后再明确地告诉他们，产品能给他们带来这个结果。

因此，要想找到产品的卖点，最基本的策略就是三步。

第一步，一定要先明确产品要卖给什么人。

第二步，使用产品，他们最想要的结果是什么。

第三步，一定要用他们最容易听懂的语言表达出来。

例如，对卖保险的行业而言，人们购买的是不是那个保险协议书？人们买的是平安，平安就是人们想要的结果。如果客户不是为了平安，他买保险干什么呢？所以，为什么平安保险能成为中国影响力最大的保险公司，品牌名称不就直接告诉客户结果了吗？

再如，卖文胸的商家怎么提炼卖点呢？

女人使用文胸最想要的结果是什么？当然是使身材凹凸有致，这样才更性感、更美。所以，如果你是卖文胸的人，送你一句广告语——想想还是挺的好！

再如，化肥最显见的卖点在哪里呢？

有一个卖化肥的贴牌商家（批发、零售都做），做了四五年，生意一直不见起色，因为卖化肥的商家实在是太多。有一年过年回老家，我刚好路过，于是就聊了起来。我一看他自己贴牌的名字，基本上就没有入我的眼，更不能入农民伯伯的心。五个字的名字全是用原料结构组合而成的，我到现在都不太记得了。

试问一下，有几位农民伯伯有高深的学问来了解这些原料？

我反问了他一句："你做这个化肥生意，对你自己而言，你图什么？"其实我就是在问，他最想要的结果是什么。

他很朴实地回答："我做生意，当然是赚钱嘛。"

我紧接着追问一句："那农民伯伯买你这个化肥，他们图什么？"他思考了片刻后回答："我这是有机化肥，他们可以增加产量。"

好了，有了。我建议他把品牌名改成"增收宝"，然后拟定了一条极为简洁有力的广告语——要想收成好，就用增收宝。

结果就是，一年之后，实现了接近一倍的业绩增长效益。

每一个人都能明白一个常识，农民用化肥最想要的结果是什么，当然就是产量高、收成好。所以，要用让农民都听得懂的语言，直接告诉他们，使用我们的化肥，能为他们带来高产量，就成功了。

再如，亲子教育的书籍，如何最快速地找到卖点呢?

先思考，这类书卖给什么人? 当然是孩子的父母。然后思考，孩子的父母最想要的结果是什么? 当然是希望教育孩子不那么辛苦、不那么劳累了，但凡当过父母的人都深深懂得教育孩子的辛酸。

有一本关于亲子教育的书籍叫作——《解放父母，解放孩子》，畅销 30 年，销量超过 500 万册，成为 20 世纪最伟大的家教经典。想必，只要是父母，只要看了书名，10 个人当中就有 8 个人想买，因为书名直接击中了他们最想要的结果——身心解放!

就像做业务一样，最想要的结果是什么? 成交!

为什么毛泽东闹革命能得到几乎所有老百姓的响应?

在旧中国，那些生活在水深火热当中的老百姓最需要解决的问题是什么? 当然就是温饱问题。所以，老百姓最想要的结果就是分到田地。

毛主席深深地明白了这一点，于是，铿锵有力地喊出了一句振奋人心的口号——打土豪，分田地。让广大农民深受鼓舞。

还有一位国民党领袖人物孙中山也喊出了一句颇有气势的口号，叫作——驱除鞑虏，恢复中华，建立民国，平均地权。这句口号凝聚了一部分知识分子、进步青年和资产阶级，建立了资产阶级共和国。遗憾的是，这句口号并未能凝聚占大多数人口的农民阶级，因为这里面未能通俗易懂地提出农民最想要的结果。

同样，假如您是一位老板，您所喊出的企业口号当中，有没有包含全体员工最想要的结果？收获财富、名望，建立事业！

顾客最想要的结果，就是他的“需求穴位”。就像是我们身体里的膝关节穴位一样，只要我们用手击中了那个穴位，小腿就能自动弹起来，如果击不中，小腿当然就没有反应。

为什么顾客对你的产品感到无动于衷，因为你只是在说产品，而没有击中他的“需求穴位”。

生意人的“需求穴位”是利润；员工的“需求穴位”是提升收入和职位；官员的“需求穴位”是升官；老年人的“需求穴位”是健康长寿；孕妇的“需求穴位”是让肚子里的宝宝发育健全……

要想把产品卖给以上这些人，主打卖点只有往这些“需求穴位”上靠，才能获得成功。

如何让顾客想要的结果变得更有张力？

答案就是改变！

所谓“改变式”卖点，就是告诉顾客，你的产品能让顾客从某一个结果状态提升到另外一个结果状态。

人们渴望改变，渴望改善生活，渴望提升，为什么毫无政府工作经验的奥巴马能战胜希拉里赢得总统之位？因为奥巴马一直在倡导两个字——改变，民众渴望改变，民众渴望有一位新总统能领带他们走向更高的生活层次。因此，在民众的认知当中，奥巴马的价值更显著，换句话说，就是奥巴马本人的卖点更强大。

产品也是一样，产品能让顾客的生活状态发生多大的改变，就代表能给顾客带来的价值有多大。

使用改变，可以让产品卖点变得更加有张力，可以让产品价值彰显得更显著！

例如，顾客买面膜产品最想要的改变是什么？就是希望自己变得更年轻。最近几年，中国互联网出现了一个十分畅销的面膜品牌叫作“俏十岁”，这个品牌在短短的两年内通过互联网吸纳了数十万代理商，并一举成为 2015 年度中国最大的微商面膜品牌，销量斐然。

为什么“俏十岁”面膜能格外走俏？其中有一个非常重要的原因，就是因为产品的卖点呈现得十分显著——让你年轻十岁。敢问芸芸众生，有谁不希望获得这般改变？

因此，当你在为你的产品打造卖点的时候，必须先设身处地进入顾客的世界，问自己：“顾客最期望发生的改变是什么？”只要产品能帮助顾客实现他们所期待的改变，就能瞬间打动顾客。

最具象的改变，就是表达出顾客从当前的状况到期望的状况之间的演进！

从某一个状况变到另一个状况，这是一个极具吸引力的卖点提炼格式，一定要记住，并好生地运用起来。

例如，中国知名电影女明星刘晓庆在 1995 年写了一本自传，名字叫《从电影明星到亿万富姐》，这本书在当年可谓是轰动了大半个娱乐圈，一举创下 50 万册的惊人销量。

为什么这本书能成为当年的超级畅销书？因为卖点太强大。仅看书名，就能黏住无数读者的眼球，尤其对那些刚刚步入影视行业的人来讲，更是具备魔咒般的诱惑力。几乎所有娱乐圈的后辈们，都极度期望知道这样的改变如何能发生在自己的身上。

无论卖的是什么产品，首先都要非常明晰地知道一点：能为顾客带来什么结果，或者能让他们的生活状况发生什么改变。如此，就有了寻找卖点的思维常识和正确的方向。

讲到这里，如果你是一个在商界打拼多年的商场老兵，或者是一位下海多年的生意人，我相信你此时一定会非常迫切地想问，周老师，我这个行业市场竞争很激烈啊，顾客最想要的结果，我的竞争对手也能满足，我怎么办呢？我凭什么让他们购买我的产品呢？

客户为什么偏偏要选择你？

这个问题问得非常到位，而且这个思维模式也很正确。我们之所以打造卖点不就是为了找到那个让顾客偏偏购买我们的理由吗？

事实上，市场竞争激烈并不是特例，大多数行业都可以说是红海市场。

当所针对的顾客最想要的结果是别人也能给（其实，在用户的认知当中，别人也不一定能给，这属于品牌思想，本书不过多涉及），甚至竞争对手的这种卖点已经牢牢地印刻在顾客的大脑当中时，说明人们心目中已经有了明确的选择。那么，你需要另辟蹊径，在顾客的心智中区隔竞争对手。

此时，我们就能进一步得出卖点的最佳定义：第一，首先必须是你的顾客想要满足的诉求；第二，要能在顾客的心智当中区隔竞争对手。根据这个定义，就能明智地判断出，所打造或提炼的卖点是不是一个成功的卖点。

那么，在产品同质化严重的行业或市场，怎么打造最佳卖点呢？

我先问一句，难道顾客在买这一类产品时，除了要满足他最想满足的这个诉求之外，就不想更好地满足这个诉求吗？难道他就没有别的诉求了吗？

只要能注入这个思维，再去寻找卖点，我确信，你的思维将会变得分外豁然！

就像喝水一样，最想要满足的诉求是什么？当然是止渴，我现在口渴了，喝水之后就不会口渴了，"不渴"就是我喝水之后最想要的结果。

卖水怎么能成为一门生意呢？

试想一下，喝水除了想要满足"止渴"这个诉求之外，难道就没有别的诉求了吗？

对于卖水而言，理所当然，"止渴"显然不能成为卖点，但是，口感、健康、洁净就能成为卖点了。由此，你就能明白，农夫山泉、娃哈哈和乐百氏这三大品牌之所以能成功的精髓所在了。农夫山泉有点甜，娃哈哈矿泉水、乐百氏二十七层净化……这些只不过是人们在喝水时，还想要满足的其他诉求而已，找到了这些卖点，就能成就一门大生意。

人们之所以会去买台空调，最想要的结果是什么？当然就是为了在冬天能暖和一点，夏天能凉快一点。

在 20 世纪 90 年代的中国市场上，诞生了一个非常知名的老牌空调——三洋空调，曾几何时，兴盛过一段时间，后来便慢慢走向没落了。

为什么三洋空调会没落？

“家有三洋，冬暖夏凉”，这句广告语曾经家喻户晓。那么，“冬暖夏凉”是不是一个有杀伤力的卖点呢？

很显然不是！

试问一下，全中国乃至全世界有没有哪一台空调不能满足冬暖夏凉这个诉求呢？

如果都不能满足冬暖夏凉的需求，那还能叫空调吗？

冬暖夏凉，的确是人们买空调最想要的结果，但这个结果并不能形成竞争区隔，这就跟前面所说的喝水可以止渴一样，没有差别。也就是说，冬暖夏凉，并不能成为三洋空调的超级卖点，这是三洋空调之所以淡出市场的根本原因。

同样是卖空调，应该怎么改进呢，应该如何找到卖点呢？

核心的思维模式就是看人们在买空调的时候，除了想要解决冬暖夏凉这个诉求之外，还有什么诉求呢?

例如，可以说更省电——比市场上的空调省电 30%，就像美的变频空调——每晚低至一度电，这就是一个斩钉截铁的卖点，因为它既是顾客的诉求，又能形成竞争区隔。

还可以强调更耐用——比其他空调的寿命延长 3 年，这也必定能成为空调的超级卖点。

无论是更省电，还是更耐用，都能成为某一个空调品牌的强势购买理由。

接下来，以顾客最想要的结果为基础，以形成竞争区隔为要旨，继续分享打造卖点的六大超级策略，从而找到更多、更强大的购买理由。

要特别提醒的是，以下六大卖点策略，是一个承前启后、层层递进的思维模式和方法论，要根据这个思维逻辑一步一步去寻找卖点、筛选卖点、提炼卖点。简单来说，就是先看上一个策略能否为你的产品所用，如果用不上，再使用下一个策略；如果能用上，就先根据该策略提炼出一个卖点，再继续使用下面的策略。

卖点二：高度

高度策略就是指，你的产品能为顾客带来更高程度的结果。

简单来理解高度，就是指更高的程度，你的产品不是在为顾客带来某种他所想要的结果吗？这是打造卖点的基石。在同类产品当中，如果能为顾客带来更高程度的结果，顾客们势必会先选择你。茫茫大千世界的人，谁不希望更好地满足自己呢？

别墅就在你面前，你还能想着住筒子楼吗？有机会做年赚一千万元的项目，你还能挂念年收入一百万元的项目吗？

消费者永远希望获得更高程度的结果，只要我们能用产品来提供这个结果。那么，这个更高程度的结果，就是我们产品的超级卖点，也就是保证他们选择我们而不选择别人的超级购买理由。

在 20 世纪 90 年代的广东顺德诞生了一家房地产公司，名字叫作碧桂园。我相信，当下很多人都对这个品牌耳熟能详，很多人都是这个房地产公司的客户。

但多数人不知道的是，这家公司在成立后的很长一段时间内经营处境相当不堪，几乎到了濒临破产的田地。因为当时的房地产行业就是一个没有硝烟的战场，竞争分外激烈，能提供普通住宅的楼盘比比皆是，不差碧桂园一家。

这家公司到底是如何转危为安的？

我相信，当我提出碧桂园这个名字的时候，一定有一部分读者能脱口而出一句话——“碧桂园，给你一个五星级的家”。因为这句话就是碧桂园楼盘的超级卖点，这句话就是碧桂园这个品牌之所以能转危为安的核心指导思想。

你想想看，我们一开始买房子最想要的结果是什么？

买一个温暖的巢穴，买一个可以居住的家，但在这个“结果”基础之上，还有更高的诉求吗？

当然有，我们希望住得更有档次，住得更有品位。换句话说，我们希望住得更有“高度”，而“一个五星级的家”正是对这个高度的准确表达，因为五星级就代表了大众认知当中的高档次。

试想，当一位想买房的顾客一听到五星级的家，他心中有何感受？

因为这是他心中的向往与渴求，因此，就触发了他想要去了解的兴趣。而且，在他的大脑当中，已经直接把其他楼盘隔离掉了。

很显然，五星级是一个档次，档次就代表区别。也就是说，当碧桂园一喊出五星级这个卖点时，就已经直接在向受众的大脑当中暗示：碧桂园是五星级的，其他楼盘都是二星级、三星级的，所以，碧桂园的楼盘是你的最佳选择。

经过如此改造之后，这家本来差点“凋谢”了的房地产公司，顿时在整个房地产行业“一石激起千层浪”，火得一发不可收，短短数载，便以迅雷不及掩耳的发展态势坐上房地产行业的头把交椅。2007 年，其掌门人杨惠研以 1300 亿元的财富问鼎中国胡润富豪榜首富！

当然，到现在为止，碧桂园也依然是房地产江湖的一大骨干门派，依然在如今血雨腥风式的房地产行业中占据一席之地。

为什么碧桂园能在短时间内起死回生，在商场上激起惊涛骇浪？因为它卖了一个人们所渴望的、具有更高程度的结果——五星级的家！

家，是结果；五星级，代表更高程度。既满足了客户，又区隔了竞争，这就是“高度”卖点策略的超级力量。

再如，对保险而言，如何打造高度卖点呢？

首先，人们买保险是想获得什么结果呢？买保险的初衷，当然是图个平安，但万一出事之后，他们希望获得什么？当然是获得保险公司的赔付。

所以，如果你能给顾客更高程度的赔付，你就能依此找到你保险业务的超级卖点。

有一个卖车险的学员，是平安保险公司的经理人，他问我怎么找到车险的卖点，广告语怎么说。

我问了一个非常简单的问题，我说顾客为什么要买你的车险，他告诉了我一个非常关键性的信息——买他们的车险，投资成本比同行低 18%，这句话的意思很明确，也就是获得同样的赔付，找他买车险的成本更低。

有了这个可靠的信息之后，对我而言，广告文案就非常简单了，于是我随即帮他提炼宣传文案，内容如下。

“买车险，就找平安资深经理人×××；高于同行 18%的赔付保障，低于同行 18%的买入价格，联系电话××××”。

再如，理财产品最强大的卖点应该是什么？

人们之所以去理财，想要获得什么结果？毫无疑问是为了获得利息，但获得多大的利息，就是一个高度问题。理财产品比比皆是，所以，理财产品要想获得市场的突围，最强势的卖点就是能带给用户更高幅度的利息。

为什么余额宝能冲破国有银行 4 座大山，在刚推出的一年之内就能吸纳 5000 亿的理财资金？

因为它能给用户带来更高程度的结果。“为你带来高于活期 n 倍的收益”，这就是余额宝之所以能崛起的超级卖点。

如果你是余额宝的老用户，你想要介绍你的朋友也来余额宝理财的话，你的朋友通常都会反问一句“为什么要放在余额宝里啊，我放银行不挺好的嘛”，这时，你就可以随口说出一句话：“因为余额宝能为你带来超过银行活期 n 倍的利息。”注意，这句话不是你自己想出来的，是余额宝早就帮你编好了的，以便于你用来向朋友做出转告。

同样都是满足顾客想要的结果，但程度不一样，对顾客的感召力与吸引力就会产生明显的差别。

再如卖衣服，一个女孩子买件衣服最想要的结果是什么？

当然是买漂亮，你夸她一句：“您穿这件衣服，挺漂亮的。”她会开心，但如果你夸她另外一句：“穿上这件衣服，你简直美若天仙”或者说“穿上这件衣服参加闺蜜的聚会，你肯定是整个舞会的皇后”，估计她会心花怒放。都是买漂亮，但顾客的感受为什么会产生这么大的差别？程度不一样，天仙是形容女人漂亮的最高层级。

当你要利用高度策略打造卖点时，首先必须要立足并提出顾客买这类产品最想要的结果是什么，然后再提出一个能区隔竞争对手的更高程度（当然，要在你能做到的前提下提出）用以增加价值筹码，如此，你的产品就能立刻在顾客的心智当中出位！

需要特别提示的是，提出的这个“高度”一定不能抽象，一定要具体，要是具象词，就像前面所提到的“五星级”“18%”“*n*倍”，这些都是体现高度的具象词。所以，在使用高度策略来打造卖点的时候，要尽可能多使用“等级、百分比、倍数”这一类具有高度代表性的具象词。

只有具象词才能被受众所记住，只有具象式的卖点才能真正打动顾客。

卖点三：方便

也就是说，你的产品可以让顾客更加方便地实现他想要的结果，方便策略是打造产品超级卖点的一个至关重要的制胜秘诀。

之所以不断提高生产力，就是为了生活更便利，为什么我们更愿意网购？因为更方便，坐在家里足不出户就能买到自己心仪的宝贝。

在解决温饱问题之后，人类80%的需求，就是为了解决方便。只要你的产品能更方便地实现顾客想要的结果，顾客就有斩钉截铁的理由选择你。

什么才叫作方便呢？我们只有搞明白方便这个词的具体含义，才能学会如何使用方便来打造卖点。

直接来说，所谓方便，就是指省时、省力、省脑这三重含义，用最通俗的话来讲，就是指快速、轻松、简单。因此，利用方便策略来打造卖点，就是告诉顾客，我们的产品能更快速、更轻松、更简单地实现他们想要的结果。

省时

坐飞机明明比坐火车贵，为什么人们更愿意选择坐飞机？因为省时！

其实，很多人都愿意为了节省时间而多付钱，如果你的产品能更快速地实现顾客想要的结果，那么，他们当然更有理由选择你。

为什么顺丰快递的价格最高，却在整个快递行业当中的市场占有率最大？

因为其运送速度比同行快 30%以上，这就是顺丰快递之所以成为快递龙头企业的超级卖点。

就像网络购物一样，我已经习惯了用顺丰快递。记得有一次在淘宝上买一根话筒线，价格只有 18 元，但我付了 41 元，因为其中有 23 元是顺丰快递费。不是店家强迫我非得要用顺丰快递，是我自己要求必须用顺丰快递。我网购几百几千的商品就更不用说了，一律用顺丰快递，因为我图的是省时，我用省下来的时间可以换回更多的金钱。

在时间和金钱面前，我通常都会把时间摆第一位，这一直是我做事情的价值观，金钱诚可贵，时间价更高。所以，我一直都鼓励，所有老板和职场人士都应该找到优秀的老师多学习，提升经营的思维和智慧，少走弯路，因为时间不会等人，投资大脑是提升人生品质与提升事业效率最智慧的路径。

再如，假如你是做英语口语培训的教师或创始人，想从效率入手来打造课程的卖点，其实非常简单。先思考，学员学完你的课程之后，最想要的结果是什么？当然是能够说一口流利的英语。

所以，你在这个结果之前加一个代表时间效率的关键词，就是产品的卖点了，如“30天说一口流利的英语”。然后把这个卖点作为课程的核心推广语，或者把这个卖点直接作为课程的名称，杀伤力就更大了。

再如，人们买豆浆机最想要的结果是什么？显然不是为了获得一台机器，而是因为使用这台机器能让自己喝到豆浆。所以，只要告诉顾客，使用你的豆浆机，能更快速地让他喝到豆浆，就是卖点了。就像九阳豆浆机一样——15分钟，一步到“胃”。

就像招聘，假如你看中了一位青年才俊，想让他跟你一起做事情。很显然，你需要找一个卖点吸引他，要不然，他为什么非得加入你的公司呢。

因此，你要先站在对方的角度思考，员工最想要的结果是什么？是为了赚钱。所以，你可以这么跟他说：“×××，只要你跟我好好干，我肯定会让你成为百万富翁。”但你还可以说：“×××，你跟我好好干，我能让你在3年之内成为百万富翁。”

请问，哪句话的吸引力更大？很显然是后者，因为后者能更快速地达到他想要的结果。当然，我只是给你建立一个卖点思维，不见得一定能实现，也不一定能说服别人，这还需要足够的信任做支撑，我们在后面再仔细讲解如何构建信任。

省力

所谓省力，就是告诉用户，当他在使用产品的时候，可以少做很多事情，就能实现他所想要的结果。因此，省力又有省事的意思。

人们为了实现某种结果，本来需要完成一些手续，但人性本惰，懒得去做那么多事，大多数人即使为了实现自己的梦想也不愿意花费过多的力气，还能花钱又费力地来购买你的产品吗？

所以，凡是好卖的产品都特别省事，不好卖的产品，往往是因为使用起来特别麻烦，特别费劲，导致消费者不爱用。

有一款特别流行也特别畅销的互联网减肥产品叫作睡睡瘦，这款产品仅通过互联网渠道一年就能做到几千万元营收。睡睡瘦为什么这么火呢？

因为卖点太强大、太明显了。

想想看，一个有点肥胖的人，最想要的结果是什么？就是瘦身！

一般来说，要想瘦身都需要付出很多代价，也就是需要做很事情，但大多数人因为执行不了，导致迟迟瘦不下来。

但睡睡瘦直接用名字就告诉你了——睡觉就能瘦身。具体来说，就是不需要跑步，不需要做瑜伽，不需要节食，不需要手术，只需要贴在肚脐眼，早晚各贴一次，就能轻松按照节奏减肥。

睡睡瘦之所以获得成功，就是因为打造了一个“更省力”的超级卖点！

再如，国际著名身心灵导师彼尚·安裘密写了一本书叫作《轻而易举的富足》，这本书可以说是畅销全世界，在中国的流传也特别广泛，而且这本成名作奠定了作者心灵导师的大师级地位。

这本书为什么能这么火呢？换句话说，为什么一年能卖出数十万册呢？因为卖点太诱人了，富足是不是所有人想要的结果？轻而易举是不是更省事的意思？所有人都希望自己能轻而易举地获得富足。

但就我个人的观点来看，我并不特别推崇所有人都看这一类书。国外大师的书中，成功学的味道普遍比较浓，尤其像这种心灵导师的书，并不适合大众阅读。《轻而易举的富足》的主题思想，实际上是阐述一种幸福生活及健康生活的理念，但我担心的是，部分人买这本书是为了去淘金。

要想使用“省力”这个卖点，其实非常简单。就是告诉消费者，使用你的产品可以帮他们省去很多麻烦事或省去一些人力，达到他们想要的结果或功效。

以汽车举例，我们以前开车都是使用的哪些挡位？众所周知，一挡到五挡，加一个倒挡。我们总觉得麻烦，因为我们的右手总是需要在六个挡位上换来换去，在这种情况下，怎样才能给一款汽车打造一个卖点呢？其实很简单，那就是让车主在变换挡时变得更省力，不那么麻烦，直接用一个前进挡和一个倒退挡就可以了。

宝马车在省力上做得更加彻底，如果你开宝马车，倒车都不用手工倒车，因为它给你安装了一个自动倒车系统，非常直观地告诉你：开上我的宝马车，你不用自己倒车了，倒车系统自动帮你倒好。正因为增加了这个功能，宝马车当年的全球销量增加了 10%。

所以，在这里，我想给你一个启示：凡是在产品广告语当中或者在产品名字当中出现了“全自动”字样的产品，极容易畅销。因为它彻底激发了消费者对“省力”的强大诉求。

试问，全自动洗衣机和人工操作的洗衣机，你最想要哪一款？

省脑

省力就是少做点事，省脑就是少费点脑，一个侧重体力，一个侧重脑力，这是省力和省脑之间的差别。两者的共同点是什么呢？用最通俗的话来讲，无论是省力还是省脑，其共同的目的就是成就消费者的“懒”，消费者花钱购买产品，既不希望做很多，也不希望想很多。

所以，谁能在更大程度上成就消费者的“懒”，其产品必定能大卖！

例如，你做了一款高科技产品，那么，你必须保证消费者使用起来非常简单。无须看任何说明书就能直接上手，这样的产品就会好卖。

再如，假设你是做技能教育的，想想看，学生跟你学某种技能最担心的问题是什么？就怕你讲的东西太复杂，他学不会。所以，只要你打出一个卖点——听话照做，傻瓜也能学会，如此，就能让学生放下包袱，从而愿意花钱跟你学。

其实，“省脑”不仅仅可以成为打动消费者的一个斩钉截铁的产品卖点，而且还可以大幅度地提升我们每一个人的执行力。为什么我们很多人都习惯了拖延？为什么我们经常不太愿意做某一件事情？

破译执行力难题——这几乎是全世界所有人（尤其是老板）都关注的一个大话题。我们常常喜欢把执行力挂在嘴边，说这个员工执行力不行，那个人不努力。

执行力到底难在哪里？

是给的利益不够吗？

是对方真的天生就不愿意干吗？

我现在告诉你真相：执行力最大的难题在于思维上的困难！

你让一个农民工干装卸活，一年给 10 万薪水；另外，你让他一年写一本经济学的书给 15 万报酬，你去看哪个方案的执行力最强。答案一定是前者。因为写书对农民工来说，实在是太难，相当费脑筋。所以，他可能过了一个月还没有动笔；如果是干装卸的话，天天都在摩拳擦掌，干劲十足，一个月可能已经卸了上百车的货物了。

员工为什么执行力不行？

有两个至关重要的原因：

第一，没有足够的利益承诺，但这一点几乎所有老板都能做到；

第二，他不懂方法，他不会干，他需要很费脑筋自己去琢磨一件事情。

如果这两个问题都解决的话，你员工的执行力一定会强大。

所以，老板要经常给员工做培训，带领他们多去学习，提升他们的思维能力与业务能力。总之，如果员工没有掌握方法，他去做一件事情就会劳神费思，而凡是劳神费思的事情必定会导致执行力的大幅度下降。

卖点四：安全

你说你的产品能给顾客带来他想要的结果，但带来这种结果的同时，也带来了不安全的隐患，他还想不想要？谁都不会要！

含有三聚氰胺的奶粉，还有谁敢买！顾客追求品质的基本要素就是安全，不安全的产品就代表品质不好。只要我们能做到并且强调我们的产品更安全，无形之中就多了一条赢得人心的竞争理由。

就像经营饭店一样，顾客最想要的结果肯定是希望厨师做的菜好吃，但其实还有一个安全的诉求。所以，只要满足好吃，又保证卫生安全，生意肯定不会差。比如说，可以直接提出这样一个朴素的卖点：好吃又放心，后面再加一句话——绝不使用地沟油，这样的饭店才能真正受到顾客的欢迎。

经常也有学员跟我说，他的产品很安全，也没什么隐患。是的，你的产品很安全，但你说了吗？你有告诉顾客吗？

记住，你一定要义正词严地、具体地告诉顾客，你的产品如何安全，安全是如何具体表现的。不含地沟油，就是饭店的一个安全表征；不含激素就是肉类产品的安全表征；不含防腐剂，就是任何食品的安全表征。

你只有具体地表达出来，才能形成顾客所能感知到的卖点。

例如，中国知名的化妆品品牌——姿美堂，仅仅在天猫店，一年就能收获几个亿的销售额，单品的最高销量高达 89 万瓶，回头客比率高达 89%。如果没有强大的安全卖点作为表征，是不可能获得这般成绩的。

姿美堂是如何向用户表现它的安全卖点的呢？

“0 激素，0 重金属，0 防腐剂，30 项检测指标，让你用得更放心。”你看看，这就是非常具体的表征。

再如，同样是一年数亿元销量的化妆品大品牌——韩束，在彰显安全卖点时，显得尤为具体。

“100%无添加，5 无成分更安心：无清酒，无色素，无矿物油，无激素，无防腐剂。”

凡是被顾客熟知的、这个品类已存在的安全隐患，韩束都在着力排除，一心一意让顾客买得更放心，用得更安心，这样的产品才能广获人心，并能持续发展壮大。

我的一个很早的学员，同时也是我的一个咨询客户，在成都本地做同城 O2O 的水果生意，主打产品是红枣。一开始做了几个月的推广，效果一直不见起色，他有点灰心，因为他认为（事实也是如此）他的红枣无论是口感，还是营养成分，绝对属于上等，而且价格也相当优廉，完全可以称得上是物美价廉。

后来他找到我，问我怎么办。我说你首先要解决的问题不是推广，而是找到主打产品的卖点，因为只有提炼出清晰的卖点，推广才能事半功倍。

通过简单的沟通，我发现他的红枣都是从新疆和田引进过来的，所以，产品本身就具备天然优势。那么，如何提炼和包装这款产品的价值，还要吸引成都的食客愿意购买呢？

首先，起一个赋有超级购买力的产品名称——皇上品特贡枣。你想想，皇亲国戚吃的枣，营养价值高不高？

但是后来，我们非常遗憾地发现这个名字不能注册，于是，只好帮他重新改一个名称，叫作——望蜀特贡枣。我之所以起“望蜀”，一来是因为我们的客户是成都本地人，而四川简称蜀，颇有亲切之感；二来是借助“得陇望蜀”这个成语的煽动力，也就是反映我们的枣好吃，让食客们有“吃着碗里，望着锅里”的那种贪吃无厌之感。

因此，望蜀特贡枣就定位成了成都人最爱吃的枣！

有了名称和定位之后，还必须得有具体的产品卖点来形成整个购买主张，而广告文案就是产品卖点和购买主张的传递。

望蜀特贡枣的广告文案如下。

1）美女吃了气色更红润，中老年人吃了延年又益寿，串客送礼更是倍受欢迎！（结果表征）

2）新疆和田天然产，激素农药不沾边。（安全表征）

3）六星级的皇上品，零星级的草民价，全成都仅此一家。（打造卖点的第六大策略——“超值”，在后面再具体讲）

4）电话微信皆可订，10 分钟送上门，买多买少随您意，少一两送一斤！（购买主张）

最后，再在后面接上订购电话和订购微信。

自打提炼出以上几条卖点之后，再去大面积推广，效果便由此发生了革命性的改观，平均每个月的红枣销量都在 1500 斤开外。事实上，这些卖点背后的提炼原理，都在我所讲的七大策略之内，并没有多么难懂的玄机，却能产生极大的营销效应。

（特别说明：以上案例产生于 2013 年，案例中出现了“特贡”二字，但自从 2015 年的新广告法颁发之后，一般产品不允许出现“特贡”二字，所以，请读者朋友不要对上面的“特贡”二字起争议，也请读者在宣传自己的产品时注意此类情况。）

所以，学会卖点思维，你的生意将会打开另一扇门窗。让我们继续来学习打造卖点的第五大策略。

卖点五：实用

何谓实用？

简单来说，就是指品质过硬，经久耐用！

我们买东西，往往都习惯于说一个词，这个词叫作品质。我们说这款产品品质很好，那款产品品质太差，我们所说的品质到底是什么意思？

品质的核心定义就是经久耐用。80%以上的顾客都希望买到经久耐用的产品，人们总不希望买的产品几天就坏了吧。

因此，如果你能告诉顾客，你的产品是如何经久耐用的，你的产品耐用到什么程度，就必定能成为一个超级卖点，而这个卖点可以打动 80%以上的顾客。

捷达车不就是以耐用而闻名全球吗？换句话说，耐用就是捷达车区隔于其他车的超级卖点。全中国几乎有一半的驾校使用的都是捷达车，因为耐用。

假如你卖的是大型工业设备，那么，首选的卖点策略就是强调你的设备比同行更耐用。想想看，数十万元甚至数百万元的贵重物品，顾客肯定更在乎能用得更久一点吧，这是商业的常识思维。比如说，我的设备比同行的使用寿命长 3 年，这就是一个能直接形成竞争区隔的超级卖点。

再比如说卖布料，或者卖布料成品（如牛仔裤），怎么提炼卖点？想想看，顾客买有颜色的面料，肯定是希望不容易褪色，因此，强调不容易褪色就是在体现耐用。比如，某某布料，洗 1000 次都不褪色，这样的卖点无论是对布料零售商而言，还是对顾客而言，都无疑会是营销的撒手锏。

再如，在湖南长沙有一家非常优秀的做开关的企业，叫作“深思开关”，到 2017 年已经有 25 年的历史，因其领先的销量，被业界誉为“国内开关插座行业的单品王”。

“深思开关”为什么能成为国内开关行业的单品王？

毫无疑问，必定是因为有一个超级卖点的强烈推动。

而“深思开关”的超级卖点就是耐用。这个卖点可以直接从深思开关的广告语当中一目了然——“房子住多久，深思开关用多久”，这句话就是“深思开关”之所以能持续赢得市场和业务的广告语。

能跟房子同寿的开关，这是何等耐用？户主在装修房子时，往往是同时把整个房间里的开关都装好，他们不希望隔几年换一次开关，因为换开关是一件很麻烦的事。而深思开关的出现，正好能满足户主的诉求：只要不重新买房，开关就不用换了。

如果你的产品也能做到比同行更耐用，那么，你不能很抽象地说你的产品耐用，你一定要强调一个具体的耐用程度。事实上，我已经强调过很多遍了，不管你用什么策略来打造卖点，都要记住一点，只有具体的卖点才能被顾客真正感知到。

例如，卖电池，不能就说电池很耐用，这很抽象，你必须要用一个具体的能表示耐用的程度词，就像南孚聚能电池的卖点一样，“一节更比六节强”，这就非常具体了。

卖点六：超值

超值的威力有多大呢？

我不敢说它能所向披靡，但我保证它至少能瞬间打动 80%以上的平民百姓以及中产消费阶级。

所谓超值，顾名思义就是物超所值的意思。大部分消费者的核心购买决策力就是买到物超所值的商品。正因为物超所值，很多人甚至会不知不觉地把一些他根本不需要的商品买回家里囤积起来。

就像很多“败家”的女孩子在双十一那天，会情不自禁地购买一大堆衣服，而结果往往是在她们购买了一个月之后才发现，那些被她们雪藏在衣柜里的某几件衣服还从未穿过。更离谱的事情是，有些女孩子压根就不知道她曾经买过哪些衣服，不仅暴殄钱财，还暴殄天物，这都是“超值”在作祟！

各种各样情不自禁的购买行为之所以会频频发生，很多都是因为“物超所值”所导致的。

顾客很少会买便宜，但大多数会占便宜。物超所值的背后所触及的购买心理就是让顾客感觉占了便宜。

因此，一旦顾客感觉买你的产品比买别人的产品更加物超所值，他们就会产生激进式的购买欲望，生怕错过！

所以，你能让多少人产生物超所值的感觉，你就能激起多少人的购买欲望。

怎么才能让顾客产生物超所值的感觉呢？换句话说，如何打造物超所值的超级卖点呢？

核心的操作秘诀就是：必须传递价值与价格之间的落差。记住，你提炼的那个卖点当中，必须要体现价值，要体现价格，更关键的是要体现这两者之间的落差，说白了，你卖的就是这个落差。

因为只有当顾客看到了这个落差，他才能直接感知到他占到了便宜。

什么叫作落差呢？

具体来说，要么价格与同行不相上下，但价值超越同行；要么价值与同行不相上下，但价格低于同行，落差就是如此形成的。如果你卖的是同等的价值，又是同等的价格，当然就没有落差了。

例如，你卖的是女孩子用的包包或其他衣物，如何利用超值来打造产品卖点呢？

依据落差的定义，就是要先提出一个女孩子对这类产品所向往的高价值，然后再匹配一个正常的价格。

对于包包和衣物而言，什么能代表女孩子心目中的高价值呢？

答案当然是奢侈品。没有哪个女孩子不想要奢侈品，几乎所有女孩都希望自己出门就能背 LV 或 Gucci，为了彰显自己的身份价值。但现实情况中不是每个女孩子都能买得起，大多数“月光族”只能临渊羡鱼。但如果我们的产品能把这个“价格痛点”抚平，就立刻能打动这一大群客户。

因此，我们把价值和价格连起来提炼成一句精简的话语——“奢侈品做工，非奢侈品价格”，就能成为一款包包或一款衣物的超级卖点。

一个女孩子去逛超市或逛某个专卖店，无意间发现一款包包长得很像 LV，然后旁边加了一条产品标语，写着“奢侈品做工，非奢侈品价格”，顿时她的目光就会锁定在这款包包上面。因为她每次看到奢侈品都“只可远观而不可亵玩”，现在终于有机会也有能力如愿，岂能不令她心花怒放？

超值的卖点，挡不住的诱惑！

来看一个使用超值卖点的酒店案例。

湖南岳阳有一家三星级的商务酒店，里面的设施相当齐全，服务质量也做得很地道，客房的平均单价在 300 元左右。经营了一年多，生意也还算过得去，不至于倒闭，因为地段还行，自然人流量比较大。但该酒店最直接的问题就是缺一个超级卖点，通过这个卖点来吸引更多的客流。

我使用的策略正是超值策略，因为跟该酒店的情况非常相符。使用超值卖点的核心方法论，就是创建价值与价格之间的落差。在客户的心目中，什么样的酒店品质才代表高价值呢？

当然是五级星的品质。由于其只是三星级酒店，只能打出三星级的价格，因此，这个卖点就显而易见了。

于是，酒店的卖点提炼为“花三星级的价格，住五星级的房间，商务人士入住首选”。然后，再把这个卖点醒目地显示在酒店的 LED 显示屏上面，而且还放在了酒店外的大招牌上面，目的就是吸引更多的客流进来。

值得庆幸的是，这个酒店在 3 个月后，平均每天的入住人数比以往增加了大约 40%。其实，只是提炼了一个超级卖点，因为在酒店服务品质良好的前提下，业绩好不好，关键就在于能否吸引更多的客流进店，而卖点就是获得客户关注的第一通路。

我的一位会员在上海黄浦区也同样开了一家三星级酒店，其品质和服务比前面那家酒店还要好。当他听我讲了这个案例之后，立刻前来咨询我，说他的酒店能不能用这样的卖点，我说当然可以，只需要稍微改一下，把原来的卖点改成：花三星级的价格，享受五星级的待遇。

后来我发现，完全不改的话，其实也可以。上海和岳阳显然不在同一个城市和地区，住酒店的客户也几乎完全不一样，所以，这两者之间是没有竞争的。但如果是同一个城市而且是同一区域的酒店，就不能打造类似的卖点了。

打造卖点的意义，就是在顾客的心智当中，烙下一个深刻的印象，既要能打动顾客，又要能区隔竞争对手。

为什么大多数人的宣传信息都没有效果呢，就是因为那些信息都是些看起来让人不疼不痒的废话，例如，“这是你温暖的巢穴，这是你休息的港湾，这是你幸福的家园……”一般的酒店都是这样的口号，既没有体现出具象的高价值，也没有体现出价格驱动力。这些语言都很难让顾客看了之后，内心里面泛起波澜和起伏，难以激发顾客的选择意愿。

怎么测试你提出的卖点是不是废话呢?

最简单的方法就是自我测试，看自己有没有感觉。如果自己都没有感觉，怎么可能打动那些受尽了信息轰炸而又散漫的顾客呢?

再说一个超值卖点的案例。一个客户 2009 年在广东佛山开了一家广告公司，专门为广东地区的中小企业制作视频广告和平面广告。其技艺相当精湛，无论是视频制作，还是平面设计的功底，可以说都接近一流的水准。

由于他当时正处于创业期，加之营销能力的欠缺，业务甚少，于是咨询如何打开公司局面。

该公司的制作技艺已然非常有实力，也就是能为顾客做出好产品。因此，我要做的就是直接从营销的角度入手。

该公司的名称叫作星峰广告有限公司，因为他哥叫陈星，他叫陈峰，所以连在一起就叫星峰。名称就不是太顺畅，很难吸引眼球，严重缺乏营销力。

从营销的角度来看，这个名称显然只能自我明了，却不能撼动顾客。因此，首先把公司的名称改了，改成——千层浪广告有限公司，因为我们希望我们所做的广告能帮助顾客的品牌引爆市场，一石激起千层浪。

重新改名之后，接下来要做的重要事情就是寻找一个超级卖点。他的顾客（中小企业）做广告最想要的结果是什么？

第一，就是传递一个好的品牌形象，用传统的营销术语来说就是形象广告。第二，当然就是实现销售业绩。当然，这是传统营销的普遍认知，如果让我来做广告，我一定会把销售业绩放在首要目标。

所以，我教了他一套实战性的营销思想，以便于他有能力帮助顾客制作出富有强大销售力的广告。

当我们明白了顾客想要满足的价值需求之后，再利用超值策略匹配一个价值与价格的落差，就很容易提炼出卖点了。

因此，该广告公司的广告语就形成了——做广告就找千层浪，一倍的投资，五倍的形象，十倍的收益。

然后，再在这个卖点后面附上联系方式，大面积做户外推广，以及在很多相关的办公楼区域推广。因为有了优等的服务品质做保障，加上有效的营销方式，广告业务便陆续开展起来了，以至于后来都搬到广州番禺区去了。

关于超值的卖点，其实在生活当中时常都能碰到，就看有没有留心观察以及以此来思考自己的业务。

例如，在逛超市的时候，就能在很多产品的包装上发现诸如“加量不加价”的字样。

“加量不加价”，体现的不就是价值与价格之间的落差吗？这个词就是一个极简单的超值卖点，但这个词，却能释放出不凡的营销威力，它能打动大多数的平民百姓，并且能直接驱动一部人产生购买行为。

很多家庭妇女一看到货架上摆了带“加量 20%、加量 30%”字样的商品，基本上就挪不动脚了。就算这一类商品暂时没什么用，也极有可能会买回去储备着，因为她总觉得赶上一次不容易，担心以后再也买不到这么超值的商品了。

这就是超值卖点的巨大力量，善于打造超值卖点，能驱动顾客产生情不自禁的购买行为！

卖点七：加值

本章的开头明确提出了卖点的定义。我们再回忆一下，打造卖点的两个重要标准必须是：客户的诉求；能形成竞争区隔，只有满足这两个条件，才能称为真正的卖点。而且，你在思考卖点的时候，这个顺序不能颠倒，必须先思考客户的诉求，再思考是否能形成竞争区隔，切记！

有了这个核心思维模式，就很容易得出“加值”的含义。所谓加值，就是在原来的产品价值基础之上，再增加一个价值点。

有价值的产品之所以能存在，必定是已经满足了一种客户诉求，但这种已经被满足的诉求，大多已成熟的同类产品都能满足。

那么，为了区隔竞争，只需要进一步思考，顾客在使用这个产品的过程当中，除了想要满足这个原本已被满足的诉求之外，还想要满足什么诉求呢？他们还有什么价值需求呢？

只要把顾客还想要满足的诉求增加到产品当中，然后明确地提炼出来，告诉我们的顾客，就成了我们产品的超级卖点，这就是利用加值策略来打造卖点的核心思维模式和方法论。

过去，男子择偶主要依靠什么？通常都是靠红娘说媒。

假如你是一名男子，你希望找到你的另一半，那么，你最直接的诉求是什么？换句话说，你最想要什么样的女人？

五官端正，长得漂亮，身材好……几乎所有男人都有这个共同的择偶标准，用当下流行的话来说，就是颜值高。

如果有一位红娘同时给你介绍了几位候选人，个个都长得花容月貌、婀娜多姿，单从长相来说，各有千秋，根本难分高下。在这个时候，但凡是有点智慧的红娘，一定会挑出其中（或者重新找到）一位拥有“卖点”的姑娘，从而让你能够作出明确的选择。

于是，这位有智慧的红娘便开始私下里告诉你，语重心长地说：“×××啊，你不知道吧，这里有一位姑娘，芳名×××，不仅长得花容月貌，身材迷人，更重要的是，她是这五位姑娘当中唯一一个拥有本科学历的才女，毕业于中央戏剧学院。她知书达礼，精通琴棋书画，如果你能跟她在一起的话，今后你们的生活一定会充满情趣。如果你能娶到她，那绝对是你一辈子的福分。”

好了，当这个红娘如此表达完，你心里有什么感觉？

你是否会顿时对这位姑娘怦然心动，急不可耐地想要马上去了解她，同时，你的大脑会不知不觉地把其他四位姑娘通通忘掉。

你之所以能把自己犹豫不决的心突然间明确下来，就是因为那其中有一位更胜一筹的姑娘，而这个“更胜一筹”的优势，就是这位姑娘的卖点，这个卖点可以在瞬间打动你的内心，帮助你作出决策。

无可厚非，大多数人（包括很多红娘）都以为男人喜欢长得好看的姑娘，是的，英雄难过美人关，但英雄除了在乎女人的外貌，还在乎别的吗？

还在乎女人的气质，还在乎女人的修养，还在乎女人的才情。如果一个女人爱修饰自己的外表，还能练就非凡的气质、修养和才情，不就更能俘虏男人的心吗？不就更容易在竞争当中流光溢彩吗？

宋徽宗的身边有多少后宫佳丽啊，但一见到李师师，他就觉得这些年简直是白活了。李师师该有多么大的吸引力，能让宋徽宗为之倾倒。

李师师之所以能让一代帝王如痴如梦，不仅因为她天生丽质，还因为她那不卑不亢、温婉灵秀的气质。

所以，女人不仅要善于修饰自己的容貌，还要懂得多修炼才情、气质和智慧，多给自己加值。每增加一种价值，就多了一个区隔竞争的筹码，就多了一个赢得关注的优势，就多了一个获得男人青睐的卖点！

宋徽宗之于李师师，蒋介石之于宋美龄，沈从文之于张兆和，徐志摩之于林徽因，不都是如此吗？

人要懂得利用“加值”来打造筹码，产品更要懂得利用“加值”来打造卖点！

为产品加值，就是看顾客的基本诉求之外，还有什么诉求，然后把这个诉求添加到产品当中来实现相应的价值，这个添加进来的价值，就是产品的超级卖点。

有一个学员做了一款叫“手机架”的产品，其实手机架也不是他最先发明的，所以，手机架只能算得上是一个品类。手机架有什么功能呢？就是把手机架起来。

因为人们在使用手机看电影的过程当中，时间一般都比较长，如果一直用手拿着，就特别累，于是就有人发明了手机架。有了手机架，人们即使躺在床上看电影，手也不会累着，非常方便。

问题来了，凡是需求量大的产品，竞争都会接踵而来。怎么才让买家选择购买他的手机架而又不跟其他商家打价格战呢？

其实，用“加值策略”就能帮他打造卖点。

到底增加什么价值呢？

核心思维模式就是看人们在使用手机架的时候，还有什么诉求。这个诉求是我在使用手机架时发现的。我晚上躺在床上看电影的时候，如果打开房间里的白炽灯，电影画面不够唯美；如果完全关掉白炽灯，对眼睛刺激又很大，我就想，如果能在手机架上带上光源就更好了，其实很多使用手机架的用户都有这个需求。

于是，只要在他的手机架上再增加一个手电筒的功能，就能更好地帮助用户解决晚上躺在床上看电影的问题。

因此，在解决这个问题的同时，我们也一并提炼出了卖点——“会发光的手机架”。自从增加了这个“会发光”的卖点之后，他的手机架在淘宝店的单月销量便达到了 1800 件，价格比同行平均水平还高 15 元（手机架普遍价格都不到 50 元），这就是加值卖点所带来的销售效应。

再如，世纪佳缘婚恋网站是如何为进攻农村市场而打造卖点的？

农村单身人士越来越多，同时，婚恋机构之间的竞争也相当激烈。世纪佳缘要想打开农村市场，显然要找到一个能区隔竞争对手的超级卖点。

农村小伙子以及其父母希望找一个儿媳妇，他们最想要的是什么？

用最乡俗的话来说，就是为了传宗接代。绝大多数女孩子都有生育能力，所以，传宗接代一般都不是问题。为了区隔竞争，世纪佳缘还必须要满足另外一个用户诉求。

那么，还有什么诉求呢？

例如，养猪的农户，如果找一个媳妇能帮他们养猪，那就真是正中了他们的下怀，父母也会倍感欣慰，甚至还会时不时地受到邻居们的褒奖："你们家×××可真能耐，找了个既勤快又懂事的好媳妇，你们二老可真有福气。"

世纪佳缘正是根据这最朴素的两大诉求，打造了一个进入农村市场的"加值"卖点——"上佳缘找媳妇，能生小孩又能养猪"。看起来特别俗气，但的确能以开门见山的力量直接满足农户的诉求。

再如，iPhone 6 的超级卖点是如何打造并提炼出来的？

键盘手机时代，人们希望手机的屏幕越小越好，但在智能手机时代，人们普遍追求屏幕更大的手机，一是因为在使用智能手机上的相关应用时，体验度更好；二是因为大屏幕显得更大气。

既然人们普遍喜欢屏幕更大的手机，而且在 iPhone 6 出来之前的大多数手机产品，其屏幕都远小于以三星和小米为竞争代表的智能手机屏幕。在这种情况下，iPhone 6 要想继续巩固智能手机的市场地位，要想受到更多顾客的喜欢，首先要解决的问题，就是满足用户对屏幕大的需求，然后在这个基础之上，再利用"加值策略"来胜过竞争对手。

因此，iPhone 6 的超级卖点就这样形成了——

Bigger than bigger，翻译成中文，就是：岂止于大！

这句话的意思就是，在"屏幕大"这个基础价值之上，还增加了另外的价值，即 iPhone 6 的功能比较多。所以，它没有具体说清楚到底增加了哪些价值，但"岂止于大"已经具备了间接性的卖点，而这个卖点的打造，就是利用了"加值"策略。

再讲一个如何利用“加值策略”来打造超级卖点的航空公司案例。

坐过飞机的旅客都会知道在飞机上不能打电话。但打电话的确又是人们在日常生活当中需要频繁使用的交流手段，尤其对那些商务人士而言，更是不可或缺。

维珍航空正是把“打电话”这个需求给填补上了，并正大光明地喊出了“全球唯一一家可以打电话的航空公司”这样一个超级卖点，因此让它成了继英国航空公司之后的英国第二大航空公司。

学会利用“加值策略”来打造卖点，思维会非常开阔。因为顾客买任何一类产品，除了满足第一重需求之外，一定还会有其他需求，只需要找出其他任意一个需求，再把这个需求跟产品连接上，就会得到一个卖点。

再回头看如何打造卖点的七大策略，你会发现，这七大策略之间并不是零散的关系，而是有章可循的强逻辑关系。

具体来说，寻找产品的卖点，首先必须瞄准顾客最想要的结果是什么；然后看是否能给顾客带来更高程度的结果；再看是否能更加方便地带给顾客想要的结果；然后看是否能更安全地满足顾客想要的结果；再看是否能更加实用地带给顾客想要的结果；然后看是否能带给顾客更加超值的结果；最后看是否能在已被满足的结果之外，再满足顾客另外的诉求。

以上七条思维正好分别对应了七大策略——结果、高度、方便、安全、实用、超值、加值。这七大策略，就是帮助你打造产品卖点的七大核心依据，大道至简，简而能全，望君多践行，“七剑”有大用！

在执行的过程当中，你要做的事情就是，根据这七大策略为你的产品找出三五个卖点，然后把其中一个作为主打卖点，剩下的几个作为辅助卖点，用来进一步辅助、加持消费者的购买决策。就像电视剧《潜伏》当中，吴太太说马太太一样“做个上海小点心，也要说出八个好处来”，那才叫作会营销。

当你找到并提炼出卖点之后，一定要大张旗鼓地展现出来，要大肆推向市场，说得通俗一点，就是要拼命张扬，切莫隐藏。生意人最大的忌讳就是把过于低调、儒雅，甚至把自己的优点埋在地下，这将会直接阻断你的营销之路。

记住：低调没有市场，高调才能出彩，这世上有不吆喝就能做好生意的吗？你自己都不能站在市场这个大舞台上堂而皇之地展示出你的优势，你叫评委怎么给你打分呢？

因此，你的卖点必须在所有的商业信息当中释放出来，产品名字和产品广告语就是最大的卖点释放载体。另外，你的产品包装、宣传册、名片、网站首屏的顶部、客服沟通、产品介绍页面、店铺内，甚至是店招等各种宣传的地方，都必须以最醒目的方式呈现卖点。

必须让卖点永远跟着产品跑，如影随形，凡是有产品出现的地方，同时也必须是卖点出现的地方。产品是载体，卖点就是产品所承载的价值。

第3步 销售就是要锁定成交

构建信任

Lock the Deal • 99% of People Don't Know the Sales Steps •

如果说卖点是激发人们购买欲望的第一动力，那么，这个动力的对立面当然就是阻力，成交的基本条件就是激发动力和化解阻力。

化解顾客购买阻力的过程就叫作构建信任。人世间最难的事情就是让人相信，只要信任问题不解决，一切营销技巧都只是花拳绣腿。

顾客之所以犹豫不决，不那么干脆，其根本原因就是对你的信任度还不够。为什么我们常常发现有些顾客买东西的时候，又特别干脆利落呢？不是因为那些顾客不在乎金钱，而是因为那些产品和那些营销人，值得那些顾客信任。

信任，是通往成交不可或缺的第二座桥梁。任何试图绕过“信任”这座桥梁的人，几乎都到不了成交的彼岸。

到底如何构建信任这座桥梁呢？

其实，我们只需要走进顾客的内心世界，就不难发现阻碍顾客购买的四大疑问。

第一疑问：你说的事情是真实存在的吗？

言外之意，就是在考核你的“真实度”。

第二疑问：你的产品凭什么能带给我这样的价值？

言外之意，就是在考核你的“优势度”。

第三疑问：有没有谁使用过你的产品，他们反响如何？

言外之意，就是在考核你的市场“反响度”。

第四疑问：你能让我放心吗？

言外之意，就是在考核你的信用“保障度”。

因此，构建信任就是在构建真实度、优势度、反响度和保障度，只要我们能学会构建好这“四度”，顾客自然会顺理成章地相信我们。

信任一：真实度

很多人做了自认为有“信任感”的事情，却连最基本的一条都忘了，这一条就是真实度，没有真实度，一切信任都无从谈起。

构建信任的过程，必须是一个表达真实存在的过程。

人们如果不能确定你是真实存在的，就很难相信你，人们只有感知到你是真实存在的，才有可能相信你。

如果我问一万个人：“你相信这个世界上有人吗？”这一万个

人一定会异口同声地回答我："你这不是废话吗？当然有人啊。"如果我再问这一万个人："你相信这个世界上有'鬼'吗？"这一万个人当中至少会有超过一半的人不相信，因为在他们的视野当中，"鬼"从来没有真实存在过，所以不相信。

人们更愿意相信眼前存在的事物，只要你在顾客的认知和视野当中未曾出现过，那么，你就没有真实度。

因此，要想获得顾客的初步信任度，一定要向他们展示你是一个真实存在的企业或一个真实存在的人，而且，你在顾客的视野当中出现的频率越高，你的真实度就越强。

千万别小看如此简单的常识，无数生意人和销售人员从未走进来过。

下面，将通过四个维度来讲述如何构建真实度。

真实的经营资质

经营资质，是证明一个公司或一家企业真实存在的首要证据，是经过国家相关部门授权发行的合法材料，是消费权益能得到保障的首要依据。

你更愿意跟有资质的公司做生意，还是愿意跟没有资质的公司做生意？你更放心购买有商标的产品，还是没有商标的产品？

如果你没看到资质，你的第一反应很可能会认为这不是一家合法存在的公司，这可能会是假冒产品，于是，你的怀疑阻止了你的实际行为。

消费者是胆小的，是谨慎的。因此，你必须证明你的企业是真实存在的，甚至还可能是社会上有名有分的。

具体的表现手法就是把能证明你公司真实存在的相关素材都明明白白地彰显出来，让顾客一看就能感觉到："嗯，这家公司是真实的，是合法的，是靠谱的！"

尤其是医疗产业、化妆品行业、健康产业及电商类公司，必须要展现出经营资质、生产许可证和相关部门检测报告，否则，基本上卖不掉产品，因为消费者心中缺乏安全信任感。

就好像去医疗诊所看病买药，如果在诊所的墙壁上没看见相关的行医证书，你还敢买药看病吗？

一定要把你的经营资质、生产许可证、相关质检证书报告贴在公司、卖场、店铺和网站上，以证明你的经营资格和真实合法性。

真实的坐落地址

坐落地址，就是指你的公司在哪个地方，也可以指你本人在哪个地方。

"你在哪里？"有没有感觉这句话特别熟悉？

因为这句话，是我们每个人想要与别人（无论是初次认识还是熟人朋友）发生交际关系时必问的一句话。

为什么我们常常会潜意识地问"你在哪里"这句话呢？其背后的深层次原因，其实是想考查对方的真实度与可信度，而这个问题的答案，往往会影响我们是否会与对方发生关系的意愿和可能性。

经常有人通过互联网找到我，然后打电话咨询，在前三句话中，他们几乎百分之百地会问到这句："周老师，您现在哪里呢？"

如果我说我在上海浦东新区，他们会感觉我更具有真实度，更值得相信；如果我说我在某个偏远的农村，连车都开不进来，这时候，他们心里可能会凉了一大截，心想："这个人可能有点不靠谱。"他对我的信心很可能会逐渐减弱。

因此，"你在哪里"这句话有时候是亲切的，但大多数时候都是庄严的，这种庄严就来自于问话者对被问者的真实度与可信度的考查。

是在阳光底下，还是在深山黑洞，给对方的真实度与可信度会截然不同。阳光底下会受到更多人的光临，而深山黑洞，一般人不敢去，也不愿意去。古墓派里只有小龙女和李莫愁那么寥寥几位弟子，全真教里弟子成群，浩浩荡荡。

所以，什么样的坐落地址更具有真实度和可信度呢？

两个常识性的秘密：对于公司或店铺地址而言，越是"大街"越让人感觉可信，越是"小巷"越让人感觉不可信；店址（或网址）越短越让人产生强大的信任感！

在中国，每个城市都一定会有两条知名的大路——人民路和解放路，哪怕是三四线城市也不会例外，甚至有些县城都会有这两条路。

后来我终于找到了一个相对合理的解释，大概是因为：新中国成立的宗旨，就是求得人民解放，所以就出现了人民路和解放路，这两条路是所有中国人民都熟悉的康庄大路！

因此，如果你的公司坐落在这两条路上，例如，“某某城市人民路 158 号某某大厦 308 室”这样的地址，让人一听就感觉这个公司是正规的、可信的、可熟知的。所以，我建议，无论你的公司或店铺现在坐落在哪里，也要尽可能想办法在这两条路上设立一个地点。

反之，如果你的公司或店铺的地址很长，长到让别人需要经过很多拐点才能找到你那个小巷，这种地址的真实度与可信度就会相对比较弱，甚至有一些客户都不敢去。对于电商公司来说，如果你网店或网站上公布的那个地址太长太“小巷”，互联网上的客户也不太容易相信这样的公司有多正规，有多可信。

真实的地址，除了公司或店铺的坐落地址之外，还有“人”的坐落地址。别人（尤其是互联网的客户）如果想要跟你做生意，肯定会问你人在哪里，而要想获得别人对你本人的可信度和真实度。你最好长时间内处在一个固定的城市，如果有外地的顾客或合作伙伴打电话问你在哪里，如果你今天回答在北京，明天在上海，后天又在西藏，大后天又在云南甚至境外，弄不好，会被怀疑是在贩毒，或者在拐卖儿童，不然，行踪怎么飘忽不定呢。总换地方，怎么让别人相信你，长此以往，势必会产生放弃跟你做生意的念头。

如果我跟一个人在半年内打十次电话，他有八次告诉我，他在湖南长沙，我基本上可以确定这个人是在踏实做事，是个可信之人，因为我很容易找到他。

这就跟手机号码一样，如果一个人老换手机号码，一般可信度不高。

记住，长期不变的联系方式和坐落地址，是真实度与可信度的重要表征。

真实的工作环境

要让顾客相信你的真实度，那么，他们最在乎的就是你工作的真实度，因为他们买的是你的产品和服务，而产品和服务都一定是在某种真实的环境下，由人来打造出来的。

要体现真实的工作环境，必须要同时体现人物和环境，有境有人的同时出现才叫真实性和生动性。

以电商为例，重点就是要用照片或视频呈现出员工们正在研发产品或正在办公的那种专心致志的认真态度，认真的人往往最有魅力。除此之外，还要呈现你们接待或服务客户的那种热情洋溢的场景。

让访客一看到这样的图片和视频，就感觉公司真实可靠，感觉公司的员工做事认真，感觉对待客户的态度很热情。

真实的人物身影

真实的人物身影，也就是必须把你本人展示出去，必须在顾客的视野当中多次出现你的身影，让顾客记住你的模样，让顾客知道："哦，原来我是在跟这个人做生意，这个人一看就是个实诚的人、和善的人。"那么，但凡是顾客所能接触的地方，都务必要出现你自己本人的照片，让顾客感觉跟一个"活人"做生意更踏实。

仅仅一句"有图有真相"，足以说明照片对构建真实感的重要性。

但现实情况是，如果我们在微信朋友圈放眼望去，有多少人的头像是真人照片？

我很遗憾地发现，大多数人的微信头像要不就是一张风景照片，要不就是一张卡通人物，还有更多的"非主流"，反正就是怎么不真实就怎么来。

你想，顾客是跟人做生意还是跟宠物和卡通做生意？顾客是跟人打交道还是跟风景打交道？

我感到很奇怪，很多人希望别人跟他做生意，顾客既见不到他本人，而且还连他长什么样都看不见，这个世界上再也没有如此唯心的事情了。

只要没有展示真实的自己，再多的文字表述都是苍白，因为别人不是在看你写小说，而是在跟你本人做生意，你不是一个小说家，你只是一个真实存在的生意人！

这是一个社交经济的时代，虽然不能说完全看颜值，但必须让别人感觉到你是一个真实存在的人物，才有可能让人信任你。为什么那些 90 后的女孩子能通过微信把面膜卖得风生水起，你去看她们的朋友圈，真实的、可爱的真人照片不计其数，这是很多 60 后和 70 后都还没有跨越的门槛，社交经济必须讲究人与人之间的真实连接。

另外，你的人物头像不要老变，三两天换一个头像，会导致别人记不住你。人们普遍认为老是换造型的人，都是不成熟的表现，谁愿意跟一个不成熟的人做生意？

如果说展示照片能构建一定的人物真实度，那么，有人物视频就更胜一筹了，因为视频有画面，有神态，有举手投足的姿态，有思想表达，有价值观释放，无论是一个公司的总经理还是相关的营销人员，如果能在办公室录一段视频来介绍你的事业以及你的经营价值观，就更具备真实感和亲近感了。

信任二：优势度

优势度指的是产品或品牌自身的优点和特色，甚至是实力。

阐述优势度的核心目的是什么？

核心目的就是为了回答顾客——产品或品牌凭什么能满足他

们的某个诉求，凭什么能打造出这样的卖点，通俗地讲，我们所凭的那个“什么”，就是产品或品牌的优势。

这就跟人一样，假如说张三是一个资产过百亿元的老板，手底下掌管着几个年收入过十亿元的大项目，李四就是一介平民百姓，如果张三和李四同时跟你说，让你 3 年内从一个穷“屌丝”变成千万富翁，你更相信谁？毫无疑问，你会更相信张三，因为你认为张三更有优势，张三的资产和项目就是他的优势，而你可能会反过来对李四嗤之以鼻：“你就吹吧。”

格力空调为什么能喊出“好空调，格力造”这样信心十足的口号？顾客就想问：“你们凭什么能打造出好空调呢？”也就是在问格力空调有什么优势，格力空调回答：“因为我们掌握了核心科技，所以，我们能做出好空调。”掌握核心科技，就是格力空调的优势。

顾客为什么不相信你所提供的是好产品或好服务呢？因为你没有呈现你的优势。

因此，优势度就是卖点和价值的信任支撑点，如果没有优势作为支撑点，顾客就很难相信产品真能提供这样的价值和卖点。

如何寻找或构建产品或品牌的优势度？

下面将分享三大策略，一旦学会了这三大策略，一定能为产品或品牌找到几个强劲的优势支撑点，从而让顾客更有信心来选择你的产品或品牌。

历史优势

历史优势是指你的品牌或产品诞生于一个很早的历史节点，有着深厚的历史起源。时间造就好品质，人们相信历史越悠久的产品或品牌，越是好产品，越是好品牌。

利用历史优势构建信任度的核心思想，就是告诉顾客这个品牌很早之前就存在了，并且一直延续到现在，生命力顽强，信任自在人心。

例如，泸州老窖集团的形象产品“国窖 1573”，源于建造于明朝万历元年（即公元 1573 年）的“国宝窖池”，足见其难以撼动的历史优势和信任厚度，让它成为一代名酒的历史凭证。

当人们在超市货架上挑选白酒的时候，但凡看到“1573”的字样，基本上都会不由自主地停下脚步，而且，在他们的大脑当中也会瞬间留下好酒的印象。人们之所以会在第一时间内认为这是一款好酒，就是因为它有着深厚的历史渊源。

正因为有强大的历史优势作为信任支撑，国窖 1573 也有了实至名归的地位。2001 年，国窖 1573 被钓鱼台国宾馆指定为国宴用酒。

历史优势，可以帮助任何品牌见证第一印象的好品质！

再如，天王郭富城代言了一款手表——浪琴。浪琴手表怎么证明它是一款好表，一款名表呢？

其实，我也是在 2011 年才听说浪琴这个品牌的，那是有一次在上海南京路步行街跟几个朋友散步，偶然间看到了这个品牌的宣传海报。我之前的确是从未听说过，也没有任何印象。由于职业病的缘故，于是便通过百度搜索了一下，一看搜索结果，一行醒目而显赫的文字立即映入我的眼帘——“时尚优雅典范，源自 1832 年的瑞士制表商”，这个结果顿时把我惊呆了。1832 年到现在都多少年了？

浪琴——源自 1832 年的瑞士制表商，因为这个历史优势让我迅速产生了信任印象，也因为这个历史优势，让广大受众产生了信任印象。

再如，广为十几亿中国人所熟知的凉茶始祖王老吉，我相信，不管你喝不喝王老吉凉茶，只要你听到过它的广告，你一定会听到一句话——“始于清朝道光年间的正宗红罐凉茶”。这句话是从一位年长的老妇人口中说出来的，这句话的作用是什么？为什么要让一位年长的老妇人来说而不是让年轻人来说呢？

目的就是为了阐述这款凉茶的悠久历史，也就是让你相信王老吉是正宗的好凉茶。你想想，清朝道光年间就诞生了，经不经典？信任度深不深？几百年的历史，何其深远啊！

如果王老吉告诉你 2010 年才研发出这款凉茶，你绝对不会认为它是正宗的好凉茶，反而会感觉王老吉应该是矿泉水或可乐。

好了，让我们继续把历史优势的使用策略再往前更深入一步：当你在利用历史优势来构建信任度的时候，如果你不仅能阐述出某个历史时间节点，还能表现出某种历史情愫，那么，你提出来的历史优势所映射出来的营销渲染力就会更强大。具体来说，它不仅仅会让人信任，而且还会驱使客户产生回忆和向往的感觉，因为情愫本来就是价值主张，情愫本来就可以成为打动顾客的卖点。

中国化妆品行业有一个细分品类——香膏，说白了，就是固体香水。在香膏这个品类当中，有一个“知名”的品牌叫作香约香膏，这个品牌实际上才出现几年，但正因为善于利用历史渊源的优势力量，偏偏在短短几年时间之内就把这个品牌做成了香膏第一品牌，而且，在整个化妆品行业的互联网市场也占领了一席之地。

香约香膏到底卖了什么历史渊源?

它们卖的是民国时期上海女人的经典品味，由此，这个品牌传递了一个“经典”的价值诉求点——“品味老上海的岁月香氛”。很显然，这句话包含两层含义：首先，因为它诞生于民国时代，富有深厚的历史根源，让人们相信其品质；同时，它也传递了一种怀旧的历史情愫，满足了一部分女人对经典品味的心理需求。

而且，为了拉动更多女人对这种经典品味的向往，香约香膏把自己定位成了上海滩名媛闺阁的美颜秘方，包括阮玲玉、陆小曼、周璇、张爱玲在内的一批当时上海滩名噪一时的大名媛、大美女、大才女都曾经使用过这款香膏。

香约香膏用历史渊源传递信任优势，再用历史情愫传递品牌诉求，可谓是一举两得，构筑品牌印象的精髓就在于此。

如同张裕葡萄酒一样——“百年张裕，传世经典”，前四个字用历史优势来传递深厚的信任力量，后四个字用经典的情愫来表达这个品牌的诉求点。这八个字无非就是告诉我们：张裕葡萄酒，用一百年的历史，造就了经典的品质！

你可能会说，我的产品和品牌并没有几百年历史啊，哪来的历史优势呢？

请记住，体现历史优势最简单的策略，就是告诉你的顾客，你在这个行业耕耘了多少年。换句话说，就是告诉顾客，做这一类产品或服务，你有多长时间的经验优势，你从业的时间越长久、越专注，人们越相信你能提供好品质的产品和服务。

看过我简历的读者应该还记得，简历的第一段话当中就包含了这么一句话：“秉承着追求商业本真的痴迷精神，经过十余年的精心探索与躬亲锤炼，独创了一整套以‘抓本质、找脉络、出剑法’为核心方法论的商业思想体系……”因为我从2004年就开始从事咨询业与策划业，所以，到2016年为止，我的从业历史时长已超过十年，我的商业思想就是经过十余年的不断沉淀才得以完善出来的。

再如，房地产建筑公司或建筑团队如果要去竞标，从业时长必定就是其优势，诸如“15年大型楼盘的施工经验，保证实施的安全、顺利和效率”这样的信息，体现的就是经验和实力。如果你是一家房地产开发商的老总，你会把这项工程交给拥有15年施工经验的人还是交给只干了一年的施工者？

再如，一位外科医生的从业经验本身就是他实实在在的历史优势。我们只需要稍微提炼一下，诸如“十年的临床实践经验，手术成功率 95%”这样的信息，势必就能获得更多患者的信任度。

再如，九阳为什么能做出好品质的豆浆机呢？换句话说，九阳如何让消费者相信它能做出好产品呢？“九阳关注好豆浆 20 年”，就是九阳这个品牌的历史优势。

另外，除了强调历史起源和历史时长之外，还要尽可能强调发展历程，因为当你向顾客阐述你不断进取的发展历程的时候，顾客对你的信任度就更加深入具体了。

下面看几个大众非常熟知的案例吧！

中国第一代护肤品品牌百雀羚

岭南地区最大的医药电商品牌七乐康

中国最具情缘的雨伞——杭州西湖天堂伞

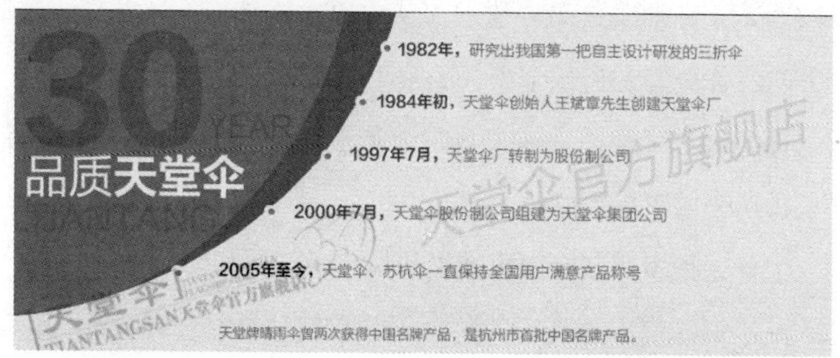

阐述发展历程的核心思想就是告诉顾客，从品牌的诞生之时开始一直到现在，这中间经历了哪些时间节点，在这些节点上分别发生了哪些重要的事情，分别取得了什么样的成就。

综上所述，体现历史优势的核心思维逻辑以及通用表述逻辑，核心就是如下四种。

第一种：源自某一个悠久的历史年间。

第二种：传递某一个经典的历史情愫。

第三种：专注某个行业或某类产品多少年。

第四种：展现不断发展的历史进程。

少部分品牌可以从前两种当中找到历史优势，大部分品牌或产品都可以从后两种当中找到历史优势。

地理优势

地理优势指的是你的产品来自于不凡的地理位置，人们相信好产地才能打造出好产品。

假如有两个农夫分别拉了一车苹果在城市里售卖，一个农夫从陕西黄土高坡来，另一位农夫从中原地区来，你觉得谁的苹果更好吃？你更愿意买哪个农夫的苹果？

你会毫不犹豫地选择来自陕西黄土高坡的苹果，因为你相信那里种出来的苹果更好吃。

为什么很多假茅台酒也能卖得风生水起呢？

其实那些都不是真正的茅台酒，它们只是在包装盒上打了茅台镇的字样，它们只是来源于茅台镇，因为人们相信茅台这个产地能产出好酒，所以，很多人就会潜意识认为来自于茅台镇的酒都是好酒。

因此，要想让人们相信你的产品真能提供某种价值，要想让人们相信你的产品真是好产品，你必须向顾客以及向市场传达出你的产品拥有来源不凡的地理位置优势，一方水土养一方人，一方地理才能造出一方产品。

阿芙清油，堂而皇之地喊出了一个气宇轩昂的口号——阿芙就是精油，言外之意，就是告诉顾客，阿芙是精油第一品牌，阿芙才是真正的好精油！

那人们就会想，凭什么说你的精油是最优质的精油呢？

必须得有信任支撑点！

阿芙告诉你："我们拥有全球九所契约种植的阿芙专属庄园，每一滴阿芙精油都源自全球著名产地，得花材者得天下！"

这是在说什么？

这就是产地优势，因为顾客相信国外的产地才能生产出更加优质的化妆品。所以，阿芙精油的花材产自于法国、意大利、澳大利亚、埃及、希腊等九个非同凡响的地理位置。

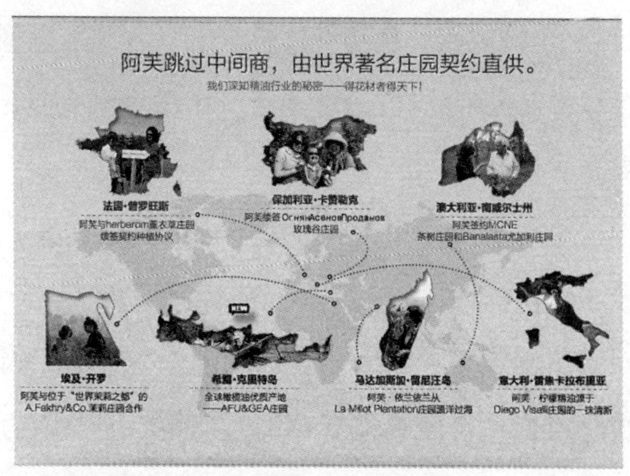

再如，藏鸡蛋为什么卖这么贵？

2012 年，我在成都给一家食品超市做咨询，这个老板请我吃饭，他说："周老师，这种鸡蛋你要多吃啊，这叫藏鸡蛋，挺有营养的，在我们这卖 5 元一个。"他们超市里边就在卖这种鸡蛋。当时我心里就在想，怎么就卖 5 元一个呢，凭什么说它营养价值高呢？

我随即反问了他一句："这鸡蛋在你们超市卖得怎么样？"他告诉我卖得不太好，但他老跟我强调说这鸡蛋好，反正就是好！老板很自信，只是缺少方法论。我所见过的很多企业老板，对自己的产品都有强大的自信心，就是不知道怎么才能卖好。

卖得不太好，显然是因为他还没有把藏鸡蛋的卖点和优势找出来，既然藏鸡蛋卖 5 元一个，一定有它高价的理由。

后来，从他的谈话当中，我听到了几个重要的关键词：西藏产的，放养的，七天生一个鸡蛋。

于是，我给他的藏鸡蛋提炼出了一个产品简介。

"每天吃一个藏鸡蛋，强身补体抗衰老；放养于青藏高原的狂野鸡种，吃着名贵野生药材长大，7 天生出一个藏鸡蛋，营养价值比普通鸡蛋高 3 倍。"

然后把这个产品简介作为包装盒上面的销售文案，让产品自己说话，让产品自己把它的卖点和优势告诉顾客。

这既回答了藏鸡蛋之所以比普通鸡蛋卖得贵的原因，同时，也回答了它之所以比普通鸡蛋营养价值高的原因，因为它有来源不凡的产地优势。

这样一来，就一定比原来好卖，而且会卖得更轻松。事实也是如此，两年之前，该超市里藏鸡蛋的销量就占了店里整个鸡蛋销量的 35%左右。

所以，要记住，但凡能卖高价的产品，不是因为你想卖高价就卖高价，而是因为产品本身的价值高（也就是你前面所提出的那个超级卖点），更关键的是，你必须为你的高价值找到优势支撑点，以便让顾客相信你的产品凭什么能实现这样的价值。

因为地理位置优势而能卖出高价的产品比比皆是，例如，恒大冰泉为什么比普遍矿泉水卖得贵呢？很显然，它必须要强调它的水品质更好，价值更高，因此，它需要找到优势支撑点。

而这个优势就是地理优势，所以，恒大冰泉的广告就这么告诉你了——“不是所有大自然的水都是好水，恒大冰泉，世界三大好水，我们搬运的不是地表水，是 3000 万年长白山原始森林深层火山矿泉”。

我这么一说，你就马上明白恒大冰泉广告语的生成逻辑了。

假如说你要在中国开一家顶级的整形医院，你怎么让人相信你的整形医院是专业的好医院呢？

在人们的认知当中，人们更相信哪里的整形技术最好？

答案当然是韩国！

因为韩国的很多美女都整过形，尤其是很多韩国女明星，足见其整形技术乃世界一流。

另外，人们更相信新创的品牌，还是老字号？

毫无疑问是老字号！

因此，我只要说十个字，就能构建出具有强大信任度的第一印象。

——源自韩国，专注整形 20 年。

如此一来，地理优势和历史优势就都有了！

这个思维逻辑，你有没有理解？

再强调一遍，打造地理优势的核心原理就是，人们相信什么样的产地才能打造出好品质和好价值，如果脱离产地而肆意喊出一个高价值，顾客往往会认为你在虚夸，没有信任依据。

为什么蒙牛、伊利的牛奶比中国其他的牛奶要卖得好？因为在人们的普遍认知当中，认为大草原生产的牛奶才是好牛奶，这个认知难以改变！

有个老板在湖北开了十几家婴儿用品专卖店，主要卖尿不湿这一类产品。

谁知道，这个老板突发奇想，问道："周老师，如果我想做牛奶的话，能不能超过蒙牛、伊利，成为全国知名品牌？"

我说这个事情你不用想了，基本上没有机会。因为，人们会相信湖北恩施产的牛奶比内蒙古大草原产的牛奶更好吗？

他顿时被我问得愣住了。

后来，我委婉地给了他一个建议，我说，如果你一定要做牛奶，何必做全国品牌，做成湖北省最好的牛奶就已经非常了不起了。在牛奶当中加一点湖北人喜爱的口味，价格优惠一点，明智一点的话，到内蒙古大草原承包多少亩地，如此而为，成功的概率会高很多。

很多行业，如果你没有获得并传达出产地优势，顾客就很难相信你的产品价值。

假如说你想学正宗英文，面前站了两个人，一个来自中国湖南岳阳，另一个来自英国伦敦，你会选择跟谁学？你肯定会选择那个英国人。因为你相信英国本土人的英文水平肯定更加正宗。这是你的固有认知，难以改变，虽然我也是六级英文水平，但跟正宗英国人比就相差甚远了。

为什么我会强烈要求在湖南长沙接受我咨询的那家英语培训学校，一定要找几个外籍本土教师，就是为了让家长们相信学校真有能力教会他的孩子说一口流利而正宗的英语！

原料优势

原料优势指的是产品是由什么原料制作而成的，或者是产品包含了什么原料，人们相信只有好原料才能成就好品质！

因此，你的产品所包含的那个原料特性就是反映你产品价值的信任凭证。

消费者对品质的思维逻辑其实非常简单，你不是说你的产品能带给我好处吗？你不是说你的产品能带给我价值吗？凭什么？你告诉他（她）：因为我的产品富含了价值不菲的原料。

所以，利用原料优势构建信任度的核心思维模式和表述逻辑，就是因为我的产品具备什么样的原料优势，所以，我能带给你什么样的价值；反过来思维也行：我的产品之所以能带给你什么样的价值，是因为我的产品具备什么样的原料优势。

人们喝奶茶最想要的诉求是什么？当然是希望口感好，说白了，就是希望好喝。

香飘飘红豆奶茶为什么好喝呢？因为这款奶茶里面包含了“红豆”这个原料，在人们的认知当中，红豆本身的味道和营养价值就是好，所以，香飘飘红豆奶茶的广告语就一目了然了——“有红豆更好喝!”

它所传达的信息非常明确——因为我的奶茶拥有“红豆”这样的原料优势，所以，我能满足你对“好喝”这样的价值诉求。“红豆”就是“好喝”的信任凭证。

人们喝酒希不希望喝到营养价值比较高的酒？五粮液的营养价值很高，凭什么说五粮液的营养价值很高？因为它的名字就已经直截了当地告诉顾客了。

五粮液包含了五种粮食，同时，在酒瓶包装上面还有明确的解释：五粮液由小麦、大米、玉米、高粱、糯米五种粮食发酵酿制而成。

五粮液仅仅通过一个名字就把它的“原料优势”深深地烙在了广大消费者的印象当中，这个原料优势也成了它之所以能代表中国高端白酒地位的信任筹码，品牌价值高达 692 亿元（2013 年评估）。

再如，六个核桃的品牌诉求是什么？换句话说，什么人最需要喝六个核桃？就是那些经常用脑的人，比如文字工作者、学生和老师等人，所以，六个核桃饮品满足的就是这些人对“补脑”的诉求。

六个核桃凭什么能补脑呢？

因为它拥有显见的原料优势，这款饮品当中核桃的含量很高，而在人们的认知当中，核桃本身就具备补脑的功能和高营养价值。所以，人们只要一听到它的品牌名字就立马能判断出其价值了。

六个核桃是原料优势，补脑是它能满足的客户诉求，因此，一句“经常用脑，多喝六个核桃”的广告语，就把这个品牌的客户价值和信任凭证都清晰明了地传播出来了——“我之所以能帮你补脑，因为我的产品当中富含了‘六个核桃’这么强大的原料优势”。

正因为有了这两大成功的基因，六个核桃缔造了中国饮料史上“飞”一般的销售传奇，连续多年在核桃乳饮料领域全国销量领先。

再如，中国第一代护肤品百雀羚是如何体现原料优势和品牌价值的？

“比爽肤水多 10 倍的草木精华含量，更水润，更保湿，更易吸收”，这依然是按照我前面所提出的逻辑思维——因为产品富含某种原料优势，所以，能带给你什么样的价值。

“比爽肤水多10倍的草木精华含量”就是百雀羚的原料优势，“更水润，更保温，更易吸引”，是因为这个原料优势所带来的客户价值。

当你在使用原料优势来为你的产品价值寻找信任支撑点的时候，要么就是强调你的产品含有某种唯一的原料，要么就是强调你的产品富含某种更高含量的原料。

诸如“含钙量最高，含金量最大，100%纯棉，比爽肤水多10倍的草木精华含量”这一类表述都是在体现更高程度的原料含量。

一定要从顾客的信任认知当中寻找优势支撑点，也就是说，人们相信什么，你就从什么维度去思考。人们相信历史悠久的品牌，人们相信好产地才能产出好产品，人们相信好原料才能打造好品质，这是帮助你打造优势度的核心思维模式。

信任三：反响度

构建信任最直观、最显见的外力就是利用反响度，所谓反响度就是指我们的产品推出市场之后所获得的外界对我们产品的反映程度。

如果产品在市场上的反响度比较高，顾客就会认为产品比较好，随之，就会很容易产生购买行为；但如果产品在市场上的反响度比较低呢，顾客就会认为产品不怎么样，于是，就难以做出购买行为。

就像想看电影一样，如果某部电影票房特别高，到处都在议论纷纷，观众好评如潮，那么，我们就会潜意识地认为这部电影应该很好看，要不怎么有如此高的反响度呢。于是，我们极有可能决定在某个礼拜天去看一看这部电影；反之，这部电影看的人很少，也没几个人说它好看，我们通常也会认为这部电影不怎么样，心想还是别浪费钱了吧。

当一款产品推出之后，是一石激起千层浪，还是石沉大海，这是两种截然相反的反响度，这两种反响度会引起那些还没有购买的人们对其产生截然相反的信任度。

因此，要想让新顾客相信产品比较好，最简单、最直接、最有效的方式，就是告诉他们并向他们展现产品有着良好的甚至非同凡响的反响度。

注意，这里强调了构建反响度的两大实施方针，一是告之，二是展现。告之指的是陈述某一种反响度要点，展现指的是证据和真相。

例如，你跟客户说，有很多知名人士都在使用你的产品，这就属于告之反响度，告之其实是一种语言文字的表达和提炼；同时，让客户看到果真有哪些知名人士使用了你产品的真实照片，或者他们认可产品的视频推崇，这是展现反响度，说穿了，展现就是告之的真实证据。

所以，你不能仅仅是告之反响度，能展现的反响度尽可能要展现出来。

我们到底应该从哪几个维度来构建反响度呢？

请记住，体现反响度的三大核心维度就是：销量态势，用户反馈，权威支持。只要能从这三大维度切入思考，产品的市场反响度就能得以完善而有力地呈现出来。

销量态势

最简单地理解销量态势，就是指你的产品销量有多大，有多少人购买你的产品，有多少人在使用你的产品。

如果你告诉顾客，你的产品销量很大，有很多人都在购买和使用你的产品，顾客就认为产品的反响度还不错，随之带来的就是较高的信任度。

如果把上面两段文字再认真读两遍，就会发现，我不仅在教你如何建立销量态势思维，更关键的是，我还在教你如何来表述销量态势——销量多大，有多少人购买，有多少人使用，分别简称为销量大小、购买人数、使用人数。

不仅要学会如何去思维，更要学会如何来表述，不表述出来，顾客怎么能具体认识到呢？

例如，“总销量超过6000余件、每年终端销售额突破20亿元”这一类的表述就是在体现销量大小。

例如，“已有35978人购买，客户遍布大江南北，总计130位加盟商，分布于全国 28 个省市自治区”这一类的表述就是在体现购买人数及规模。

例如，“全中国有一亿人都在喝雪花啤酒”“优酷，世界都在看”“每天晚上全中国有 2 亿人在看湖南卫视”，这一类的表述就是在体现使用人数。

其实，以上的表述形式都还只是比较普通的告之销量态势，如果希望大多数顾客认为产品的销量反响度比同类产品更好，如果希望大多数顾客更愿意相信我们的产品，那么，应该从更大程度上来体现销量态势，而最高程度就是第一销量态势！

香飘飘奶茶就是一个把销量态势运用到极致的产品和品牌。事实上，自从香飘飘奶茶 2005 年开始问世一直到 2008 年，其市场的反响度都只是“微风轻拂海面”，几乎没有引起多少波澜。直到 2009 年上演的那一波惊世广告之后，香飘飘奶茶在整个奶茶市场上可谓一石激起千层浪，更重要的是，其旺盛的销售态势从此一发不可收。我们一起来回忆一下香飘飘历年的广告内容吧。

2009 年，“香飘飘奶茶，一年卖出三亿多杯，杯子连起来可绕地球一圈，连续五年全国销量领先”。

2010 年，“香飘飘奶茶，每年可卖出七亿多杯，杯子连起来可绕地球两圈，连续六年全国销量领先”。

2011 年，“香飘飘奶茶，一年卖出十亿多杯，杯子连起来可绕地球三圈，连续七年全国销量领先”。

2012～2014 年，“在中国，每年有十亿人喝香飘飘奶茶，连续八年全国销量领先”。

2015 年到现在，“一年有 12 亿人次在喝香飘飘奶茶”。

从最直观的结论来看，它说一年卖出多少杯，连续多少年全国销量领先，这是在干什么？有何意义？

意义重大！

这是在用绝对领先的销量态势来让广大用户相信香飘飘奶茶就是好奶茶，不管你信不信，你的潜意识都会让你信；不管你喝不喝，事实上，大多数喝奶茶的人一走进超市都会自发地选择香飘飘奶茶，不服气不行。

所以，我经常讲到一句话，香飘飘奶茶的销量到底是“实至名归”还是“名至实归”？

当然是两者都有，但是，可以确定的是：它的“销量名至”一定拉动了它的“市场实归”。

消费者之所以选择香飘飘奶茶，一定是因为他们相信香飘飘奶茶好喝；之所以相信香飘飘奶茶好喝，是因为香飘飘奶茶的销量反响度最高。你看看，消费者的潜意识思维逻辑就是这么回事。

香飘飘奶茶一直在坚定不移地捍卫并大肆传播这个绝对领先的销量态势，一如既往，从不妥协。于是乎，就在广大用户的心目中烙下了一个深刻的“信任烙印”。

与此类似运作的其实还有很多品牌，例如，御泥坊在 2015 年也一直在打“销量第一面膜”这个至高程度的销量态势，不知不觉，也果真成了电商面膜销量排行榜的前三甲。

但自从新广告法颁发之后，谁都不能说自己销量第一了，不管什么第一都禁止说，哪怕你的确是第一，也不能说。但我们可以换一种角度，采用诠释销量的方式，用某种表述方式告诉顾客，你的产品销量占了整个市场上同类产品销量的 50%以上，既然你的销量超过了 50%。你当然是第一了，说白了，你要表述的是一个销量比例，而不是直接说你就是销量第一。

我还可以给你一个更具有杀伤力的语言表述路径，具体来说，就是告诉顾客——市场上每卖出多少件同类产品，其中有多少件产品是你的产品，你只要保证这个比例超过 50%就行了。

例如，九阳豆浆机是怎么表述第一销量态势的？

“全球 9000 万家庭的健康之选，平均每卖出 10 台豆浆机，就有 8 台是九阳！”

九阳有没有直接说它是销量第一？没有！但只要看到这句话，多数人都能明白，九阳就是销量第一的豆浆机品牌。

再如，阿芙精油是如何表述第一销量态势的？

“阿芙精油——在淘宝每卖出 3 瓶精油，就有 2 瓶是阿芙！”阿芙精油也没有直接说它是销量第一，但这句话已经明确地诠释了它就是销量第一的精油。

“每卖出多少件同类产品，其中有多少件产品是我的产品”，请你记住这个表述格式，因为它能帮你构建“销量第一”的反响度。

要想构建最高程度的销量态势，除了可以从“产品销量第一”

这个维度来表述，还可以从“使用人数第一”这个维度来表述。同样采用比例法，也就是说，只需要告诉顾客，使用的人数占整个使用同类产品人数的50%以上即可。

例如，大型工业设备如何表述“使用人数第一”的销量态势呢？

我们可以说：“全中国 500 个大型工厂有 380 个工厂都在使用我们的设备。”只要这么讲，消费者立刻就能认知到你的设备处于绝对领先的销量态势。如此一来，就会顺理成章地导致一个结果——他们更相信你的设备应该是最好的设备。

如果卖的是毛巾，主攻市场在东北，那么，依然可以如出一辙地表述为：“在东北地区，85%以上的四星级酒店都在使用××牌毛巾。”

如果在岭南地区销售洗发水，可以说：“在岭南地区，60%以上的美发店都在使用××牌洗发水。”

总之，无论使用什么样的表述方式，只要牢牢抓住一个核心要旨——销量大小或使用人数超过了 50%这个比例，就能在消费者的认知当中建立“第一销量态势”的首因印象。

事实上，你直接使用本书提供的表述格式即可，因为这些表述格式都是通过实践证明非常有效的实操方法。

更重要的是，一定要把这些反映销量态势的语句内容清晰明确地呈现出来，呈现在广告当中、名片当中、品牌介绍、网站首屏、网店当中以及产品销售文案当中，反正只要是在营销的场景或是在销售的过程当中，都必须呈现出来。

以上所述的如何构建销量态势的方法，还只是属于“告之”的层面，为了进一步让顾客相信描述更具有真实性和可信性，你还要尽可能“展现”出这样的销量态势，也就是展现更多的事实依据——的确是有很大的销量，的确是有很多人购买，的确是有很多人使用。

如何展现销量大小的态势呢？

非常简单，你就把每天发出去的货品以及快递单拍下来，然后放到网站或网店以及所有营销基地，让顾客看到你们每天要卖掉多大销量的货品，有图有真相。很显然，你呈现出来的货品和快递单越多越好，越具规模化就越能反映出强大的销量态势。

如何展现出购买人数的态势呢？

最狠的一招，就是展现“今日购买记录”，当然，类似淘宝天猫这样的电商平台已自带有购买记录这样的商品导航栏。如果营销根据地设在其他地方，比如说在自己的独立网站做成交。那么，要展现今日购买记录的话，就要尽可能展现一些更具体的购买信息，比如说，展现一系列购买者的姓名、联系方式、通信地址、产品类别、购买时间以及购买金额。

当然，一定要以不泄露消费者的隐私信息为前提，比如说，消费者的手机号码和通信地址就不能彻底呈现出来。也就是说，在展现购买记录的相关信息时，既要能呈现出大量的真实证据，又要能保证消费者的隐私。前者属于营销层面，后者属于道德和法律层面。

如果你是在微信朋友圈展现购买记录的，那就更简单了，隔三岔五地展现一系列客户从聊天沟通到转账购买的截图信息，就是在展现详细的购买记录了。

如何展现出使用人数的态势?

最直接的操作策略就是号召一批购买了你产品的老顾客，鼓励这一批老顾客每人拍一张产品见证图片，最好把顾客手持产品的整体画面拍下来。至少，每一张图片当中必须要能看到清晰的人物（老顾客）和清晰的产品（你的产品）。

如果图片当中连人物都没有，怎么称得上是展现“使用人数”呢?换句话说，如果图片当中没有人物，新顾客（还没有购买的潜在顾客）就无法知晓是否有多少真实的顾客在使用你的产品。同时，如果图片当中没有展现出产品，那别人怎么知道这些人是在使用你的产品呢?

因此，每一张图片当中一定要能清晰地识别出这些顾客“炫耀”的是你的产品，最具识别性的标志就是产品的名称、外观和款式。

一般的产品上面都会有产品名称或相关的外形识别标志，化妆品上面有品牌名称，酒瓶上面有品牌名称，手机上都有自己的品牌名称和标志。

如果卖的不是实物产品，怎么展现“使用人数”的态势呢?

那就把很多顾客在使用产品或服务时的场景拍下来，再把这样的图片在相关的营销基地（宣传海报、网站或网店）上展现出来，让更多的潜在顾客看到这个场景——的确有很多人在使用你的产品或服务。

例如，对餐饮店而言，如果不是做外卖的话，一般的顾客都会选择在店里吃，那么，你就在你的店里，等待并抓住一个食客满盈的场景，再把这个场景拍下来。注意，这个场景当中，一定要包含你的店名，所以说，一定要在店内的大堂墙壁上有非常醒目的店名和牌匾。

如此而为，才能表示出有很多顾客在店里吃饭的大场景和大态势！

再如，如果做健身俱乐部的商家要想展现使用人数的态势，也同样是拍下一个场景，在这个场景当中，要能看见满屋子（至少是很多人）的健身爱好者正在健身房内朝气蓬勃、饱含活力地健身，而且一定还要能看见健身俱乐部的名称和标语。

如果主要是招加盟商呢？要想展现使用人数的态势，那当然就是要展现有很多加盟商存在的证据了。

具体来说，就是把全国各地加盟商的店面图片在你的营销基地当中展现出来，而且每张图片都要对应一个分店名称，例如，某某品牌山东青岛加盟店、河南洛阳加盟店、湖南长沙加盟店、广东佛山加盟店、上海静安加盟店、北京西城加盟店、天津塘沽加盟店、江苏无锡加盟店、福建泉州加盟店、浙江金华加盟店、安徽芜湖加盟店、广西南宁加盟店、辽宁沈阳加盟店……你看，我特地一下子列举了十多个分店名称，就是为了提示你，在真实存在的前提下，你一定要多多地展现出加盟店的样式和名称，让有意加盟的潜在客户看到，已经有很多人都加盟了你的事业，旨在彰显参与人数的态势。

用户反馈

如果说呈现销量态势能帮助我们强化一定程度的信任度，那么，呈现用户反馈必将能帮助我们奠定更大程度的信任度。

因为用户反馈所表现出来的信息就是老顾客对产品的认可和评价，新顾客和老顾客是同样立场，他们都是买方，只是购买的先后顺序不同而已。

因此，新顾客在决定购买产品之前，就想知道老顾客的反馈情况如何，如果老顾客的反馈情况比较好，新顾客就更容易相信；如果老顾客的反馈情况都比较糟糕，新顾客势必就难以相信，绝大多数情况下，新顾客都会把老顾客的反馈情况作为最重要的信任依据之一。

因此，用户反馈是构建信任永远都行之有效的超级方法论，也是所有成交高手惯用的必杀技策略。

想利用用户反馈来构建超级信任度，同样也包含两个实施方针。一个是告之，一个是展现。也就是说，首先要告诉顾客产品的用户反馈度很好，然后，还要能把具体的用户反馈度展现出来，以证明产品的用户反馈度的确是非常好，而不是在“王婆卖瓜”。

告之，是一个表述的过程，也就是说，你必须用精简而有杀伤力的语言先提炼出几个能打动顾客，又能区隔竞争对手的超级反馈度。说白了，就是让别人一听到你的表述，就感觉到产品的用户反馈度最好嘛。

如何告之用户反馈度？

答案就是从投诉率、退货率、好评率这三个核心维度入手。具体来说，你要用某种表述方式来告诉顾客，产品的投诉率最低，退货率最低，好评率最高。

很显然，投诉率最低和退货率最低，就表示顾客已经认可了产品，只是他们没有发声而已；而好评率最高，就是更加明显的反响度了，因为已经有很多老顾客在主动给你做出好评了。

在这里，特地传授三句超级话语，这三句超级话语分别高效地表述出了“投诉率最低、退货率最低、好评率最高”的用户反馈度。

第一句：连续三年无客户质量投诉问题。

第二句：连续五年零退货率，全行业仅此一家。

第三句：连续七年客户好评率高达 99.8%，超越同行平均水平 30%。

这三句话，一定要牢牢记住，因为只需要结合你的产品，直接套用这三句超级话语的表述格式即可为你所用。当然，这其中的数字可以做适当修改。

下面，进一步来学习如何展现用户反馈度，也就是向新顾客展现出老顾客给你好反馈的证据。

例如，客户送了一面锦旗是不是反馈证据？毫无疑问是了。

所以，你要把一面一面的锦旗名正言顺地在你的办公室、网站或网店当中展现出来，让更多的客户看到。

最直观的反馈证据就是客户好评，最直观的反馈证据就是客户好评，最直观的反馈证据就是客户好评。重要的事情说三遍！

不管什么行业，但凡是成交高手，一定是善于展现客户好评的人，但凡不会成交的销售人或营销人，往往严重忽视了客户好评的力量。老顾客替你说一句话往往顶自己说一百句。所以，凡是去评判一款产品的成交率是高还是不高，一定会把客户好评这一环节作为最重要的评判标准之一。

展现客户好评的三大要领如下。

要领一：尽可能鼓励更多的客户来帮你作好评，你所展现的客户好评数量越多，就越容易让人相信，甚至让人产生震撼的感觉。如果你展现出来的客户好评数量只有一两个，顾客会认为这可能只是偶然现象，不具备普遍性。人们愿意随大流，愿意相信大流，不太相信小概率事件。

无论用什么方式来做销售，网站也好，网店也好，电视广告也好，会议营销也好，至少要展现 10 个以上的客户好评。

要领二：至少要以照片（客户本人的照片）附带文字（评论内容）的形式来呈现客户好评，最好是视频的形式。为什么很多人所呈现的客户好评难以让人相信，就是因为通篇全是苍白的文字。

这一类纯文字评论对达成成交几乎没有多大的促进作用。因此，导致现在很多人都不太相信淘宝、天猫上的评论了，因为越来越多的网购用户都知道很多店铺的评论是刷出来的。

所以，在互联网商业环境下，一定要记住一个铁律：有图有真相，有视频就更有真相了。

要领三：尽可能让客户跟产品处在同一个场景当中作好评，最好的方式就是客户一边使用产品一边作好评。如此而为就是为了更真实，更可信。

如果你是卖白酒的，那么，顾客一定是在吃饭就餐的场景下喝白酒，鼓励客户在餐桌边拿起白酒，录一段真人视频来为白酒作一番评论。

如果是卖工业设备的，那么就鼓励客户在他的厂房里以真人视频的形式作一番好评。

如果是卖化妆品的，那么就鼓励客户在她的家里拿起化妆品录一段真人视频好评。

以使用产品为场景的真人视频好评，具有极其深厚的可信度与震撼力，无论是做电商营销还是移动互联网营销，一定要善于使用并展现这种形式的客户好评。

上述三大要领重点阐述的还只是客户好评的展现形式，那么，老顾客应该说什么才能打动更多的新顾客呢？尤其是，他们应该怎么说才能驱使更多的新顾客产生信任甚至产生购买渴望呢？

为了解答这个问题，我曾在微信公众号专门发表了一篇文章——《迅速让顾客对你产生信任的天龙八部说服模式》。

权威支撑

权威支撑是构建反响度的一个最具重量级的筹码，人们普遍相信权威甚至迷信权威，尤其是当人们在作出某种选择而感到迷惘时，他们更需要意见领袖的参考或领导，因为他们担心自己会作出错误的决策，担心自己买到不靠谱的商品。一旦他们发现所认可的权威也在支撑某种意见或某一类商品，之前的那些犹豫和纠结，便极有可能得到化解。

经常会有学员咨询我，“周老师，您觉得我这个项目可不可以做”“周老师，您给我推荐几本好书吧”……当然，我并不是说我就是全世界无所不通的权威，我只不过是一部分人心目当中的商业思想权威或专家而已。换句话说，在其他的领域或者在那些不了解我的人的心目当中，我当然不是权威，我的思想和言论，他们也不会相信。

可以这么说，在信任感严重缺失的年代，权威意见成了大多数人的决策导航。

如果产品或品牌有权威人物背书或者有权威机构的认可，那么，消费者就会更放心地购买你的产品。

权威支撑可以是权威机构的支撑。

例如，企业被当地政府授予“模范企业”的荣誉称号，本人被中国企业家协会授予“优秀企业家”的荣誉称号，产品被国家级相关部门授予“十大高科技产品”，那么，这些荣誉称号就是赚取外界信任度的重要筹码和有力证据。并不是要求你竭尽所能刻意去获取这些荣誉称号，而是说，如果拥有这些权威机构所授予的荣誉证据，一定要堂而皇之地展现出来，因为一定能给你的信任度加分。

权威支撑也可以是权威媒体的支撑，最常见的情况包括媒体采访或媒体报道。

例如，“某某品牌是唯一受到湖南卫视《百科全说》推荐的减肥药”“×××曾经是时代周刊封面人物”“某产品受到了三十多家主流媒体的报道”“×××受到十多家电视节目的采访”，这一类标题就是在告诉受众，他们得到了哪些权威媒体的支撑。紧接着把对应的事实证据展现出来：报道的具体内容在哪里？采访的真实视频有没有？一定要给出证据，如实地展现给更多的受众看到。我已经在前面反复强调过好几遍了，构建反响度，一是要“告之”，二是要“展现”。

权威支撑尤其可以是权威人物的支撑。

权威人物支撑，就是指哪些知名人士、明星和专家都在使用或者认可你的产品。

庆丰包子铺获得中华人民共和国国家主席的支撑，导致成群结队的人去庆丰包子铺。因为那是一家“唯一受到国家领导人光临的包子铺”，那种权威承载了十几亿中国人的信任！

不仅仅是包子铺，只要能跟总统牵连上关系，卖书也能卖疯，你信不信？

在美国，有一家书店生意一直不太好，于是书店老板想出来一个主意。

有一次，该国总统路过书店，老板上前希望总统看看某本书。总统出于客套，就说这本书很不错。于是老板立即就在他的书店门口打出了一条横幅，说这是一本总统看了都说好的书，该书马上热卖起来。

又有一次，总统又路过该书店，书店老板又上前去推荐另外一本书。这回总统就说，这本书糟糕透了。老板又打出一条横幅，说这是一本总统看了都说糟糕的书，于是又引起热卖。

到了第三次，老板又向总统推荐某本书，这回总统理都不理就走了。老板又打出一条横幅，说这是连总统都置之不理的书。没想到，再次引起热卖。

这个案例说明，只要能跟权威人士扯上关系，总会引起一定的反响度。

需要强调的是，在使用权威人物来构建反响度的时候，一定要把这个人物展现出来，把他们使用你这款产品的情景图片展现出来，如果他们能用语言和视频的方式为你的产品或你本人作见证、作好评、作推崇，那就更好了。

信任四：保障度

保障度是构建信任的最后一股重要力量，这股力量的作用就在于帮助一部分比较谨慎的顾客迈过最后一道怀疑的门槛，因为他们的心里可能还是不那么坚信，不那么肯定，还是担心自己作错决策。

因此，商家要做的事情，就是给他们一个保障，消除他们的担心，从而让他们买得放心。

如果有两个商家在卖同一类产品，价值不相上下，一个没提供保障，另外一个提供了保障，你更愿意买哪一家的产品？

开锁的公司多不多？

不管住在哪座城市，也不管住在哪个小区，楼里楼外都贴满了开锁的广告信息。但是，只要稍微留心，就会发现，那些开锁公司的广告信息几乎是千篇一律，要不就是贴一个“开锁，电话多少”这样的信息，顶多再加一个开锁师傅或开锁公司的名称。

因为有一次不小心把钥匙落在家里了，于是便从楼下千篇一律的开锁广告信息当中随机叫了一位开锁师傅。当他给我开完锁之后，由于职业病的缘故，我给了他一个建议，就是稍微改写一下他的广告，改成什么呢？

改成“开锁就找×××，本地师傅有保障，联系电话……”。这位×××听了之后感觉有道理，马上把几个小区的广告都改了。几个月后，他打电话告诉我说：“周老师，真是感谢你，我以前平均每个月顶多开 50 把锁，现在平均每个月能开 100 多把锁了。”换句话说，找他开锁的户主翻了一番，每开一次收费 50 元，收入增长到六七千元。

开锁业务量之所以能翻倍，就是因为他的广告能从千篇一律的同行广告当中脱颖而出。之所以能脱颖而出，只不过是因为他的广告信息当中加了一个“保障度”而已。

据说英国有一个停车场，这个停车场之前的招牌文案为——“请在此停车”。但持续了很长一段时间，只有一小部分车主在那里停车。后来重新把这个招牌文案修改了一下，改成了“在此停车有保障”，自此之后，无数车主都争先恐后地在这个停车场停车，可谓是“停无虚席”。

给顾客一个保障，就能产生这么大的威力！

所以，凡是愿意提供保障的商家，必定能取得更高的客户信任度，同时，也必将获得更高的销售成交率，你能对多少顾客提供交易保障，你就让多少顾客放心购买！

下面，继续把“保障度”细化一下，更具体地实施坚实的信任保障，彻底消除顾客的购买障碍。

简单来说，坚实的保障度就是从保证结果、退换时长和保修时长这三个核心维度来实施。

保证结果

购买产品就是为了获得某种结果，只要一听到谁能保证他会获得这个结果，他的心里就会瞬间产生踏实感。

例如“我保证你的安全”这句话，任何人都无法抗拒。

如果一位老板对他的员工说“只要你听我的话，把全身心交给公司，我保证你三年之内富起来”，员工听起来就会感到很踏实；反过来，如果一位员工对他的老板说“老板，这事就交给我吧，我保证完成任务”，此时，老板听起来就会感到很踏实。

保证这个词的背后所体现出来的是一种坚定的信念，凡是对结果不坚定的人，其说服力必定薄弱，因为别人不相信。

如果卖的是连衣裙，你告诉顾客：“穿上这套连衣裙，我保证你的同事们会忌妒你，你的老公一定会对你刮目相看。”

顾客买的是一种踏实感，所以，无论是沟通说服还是文案描述，当你在传达价值和好处的时候，只要在前面增加“保证”两个字，那么，他们对你和产品的信任度一定会获得显著的提升。

但是，需要提醒你的是，所保证的结果一定要在产品所能带来的价值和好处之内。如果提出一个离谱得让所有人都完全不敢相信的保证，你马上就会成为众矢之的。

即使能提供保证，依然还是不能彻底消除顾客的担心和障碍，因为依然还有一部分顾客在想：“万一我买你的产品之后出了什么问题，怎么办呢？”

而且，从现实情况来看，顾客在使用产品的过程当中，真要发生一些问题，也并不罕见，因为没有哪个人和哪款产品，是百分之百完美的。

是的，言辞是主观的，无法百分之百地保证意料之外的事，中国人与生俱来的内心担忧就是：不怕一万，就怕万一！

要想解除这个担忧，唯一的解决方案就是，必须对将来可能发生的事情，负起责任。

人们只会彻底相信那些愿意承担责任的人，谁敢对他们的结果承担责任，谁就能引导他们义无反顾地往前走。唯有不懈的责任感，才能让众人“托付终身”。

普通人之所以能进化成一群人的领袖，就是因为他愿意肩负大任，所以才能被这一群人委以重任！

为什么常常把领导人称之为负责人呢？

换言之，能负责的人，才能成为一群人、一个组织乃至一个国家的领导人！

例如，以合作为例，如果希望笼络更多的合作者，应该说：“你们就放心大胆地干吧，出了什么事情，由我来兜着。”因为你具有责无旁贷的担当精神，所以，大家肯定更愿意跟你合作。长此以往，我保证，你最终会成为这一个组织当中的领袖人物。

一位侦察员如果真想要去执行某项任务，那么，他应该跑到首长面前说：“恳请首长把这次任务交给我，我保证不会让您失望，如果有任何闪失，我愿意承担全部责任！”我保证，只要他把我这句话一说出去，瞬间就会让首长对他刮目相看！

你想想，首长不把任务交给负责任的人，还能交给不负责的人？

换句话说，但凡能讲出这种话的人，就代表他已经具备了成为领导人的潜质和风范。

所以说，只有愿意提供保证，并且愿意为结果负责，才能真正降伏人心。顾客对产品不满意，是你的责任，你必须站出来承担！

那么，具体对销售产品而言，应该如何承担责任才能比竞争对手获得更多的顾客信任呢？

承担售后责任，从大体上讲，无非有两种责任形式：一种是负责退换；另一种就是负责保修。所以，我们要想获得更多的顾客信任，也就是在这两种责任形式上胜过竞争对手，从而让顾客对我们更信任。

退换时长

你一定要交代清楚，顾客在购买了你的产品之后，在多长的时间内，在什么条件下包退换。

是 30 天内包退换，还是 60 天内包退换。

是设置一大堆门槛，还是无条件包退换。

凡是在售后的过程当中发生各种纠纷的商家，就是因为一开始就没有把这两个关键性的问题交代清楚。

要想赢得更多顾客的信任，同时又能胜过竞争对手，就得承担一个更长时间的责任期限，至少比同行所承诺的责任期限要高出一倍。

另外，负责退换时，无条件比有条件更具吸引力与杀伤力！

消费者一旦对产品不满意时，不希望向你报告很多原因，仿佛在乞求你来负责似的。而是希望你能果断、直爽、干净利落地扛起这个责任，这样他才感觉到使用你的产品会轻松，无压力，无后顾之忧。

例如，一种普遍的情况，买衣服的顾客说："也不知道为什么，我总感觉这个款式穿在我身上不那么好看，穿起来挺别扭。"斤斤计较的商家会说："怎么不好看呢？哪儿别扭了？"注意，这是在向顾客问理由！

开明的商家会怎么说呢？态度截然不同："您别担心，麻烦您明天给我退回来，我给您换一件好看的！"

因此，开明的商家会在交易发生前就清晰地阐明：只要您觉得不合适，您不需要说明任何理由，直接申请退换就行了！

所谓无条件负责，就是在顾客购买之前，化解他所有担心的问题：担心品质，担心副作用，担心买贵，担心朋友不喜欢，担心大小不适合，担心衣服褪色……而你要告诉他，他所担心的种种问题都在退换的范围之内。

因此，在退换的条款表述当中，一定要非常明确地体现这两层含义：一个是承诺比同行更长甚至是超越顾客意料之外的责任期限，另一个就是无条件退换。

例如，京东家电的责任条款就是 30 天无理由退换货，这个责任时长明显高于天猫、淘宝，天猫是 15 天，淘宝是 7 天。如此带来的事实结果就是，京东家电的销量已经领先于国内所有电商平台。如果在电商领域，50%以上的家电消费都发生在京东，那么，京东无疑是电商领域的领头羊。

再如，如果在淘宝上卖服装，要想在同品类当中脱颖而出，让顾客更愿意信任你，那么，可以在产品页面当中非常醒目地提出这样的条款——全淘宝唯一一家承诺 60 天无理由包退换的女装店，大小不合适，包退换；质量不满意，包退换；老公不满意，包退换；认为不值得，包退换；反正就是不满意，包退换！

因为你承诺 60 天，这已经比整个淘宝平台的责任限期高出了接近 8 倍，而且“无理由”地解除了顾客的所有担心，如此，你一定能在更大程度上获得顾客的青睐。

关于负责退换的责任条款，可以再给你一个撒手锏保障策略，也就是即使顾客想要退换，我们不仅不会让他有任何损失，甚至还可以让他赚到。

具体来说，你告诉他，即使他退换，你们还负责来去的邮费；即使他退换，他还可以无偿保留附送的赠品或礼品。如此而为，试问一下，芸芸众生，有几人可以抗拒？顾客必定会被你的诚意深深地打动，人心都是肉长的。

保修时长

一般的商家都会负责保修，这本来是一种正常的售后服务，但是，需要强调的是，负责保修的时间比竞争对手更长，如此，才能在构建信任度上面增加竞争筹码。

广本在售后领域是最先提出“整车质保三年”政策的一款汽车，虽然有无数的后来者都开始模仿这个政策，但是，广本已经在消费者的心智当中先入为主，所以，大多数人都相信广本的品质好，经久耐用！

2010 年在成都时，计算机突然“罢工”了，我只好拿到当地的售后店去修理。谁知道，我走进的那家售后店恰好是整个电脑城当中一家生意不太景气的维修点。这个店除了维修，还卖计算机。

我建议该店在原来的基础之上延长免费维修服务时长，具体来说，只要有顾客过来维修或者想买计算机，就向他们提出一个主张——只要多付 88 元，免费维修服务延长一年，也就是从原来的 2 年变成 3 年！

只需要花 88 元就能多获得一年的质保和使用寿命，顾客愿不愿意？求之不得呢！虽然第三年不一定会出问题，但是花 88 元买个安稳，就像我们去买保险一样，绝大多数情况下也不会出事故，就是为了图个平安。

再说一个我姐姐买烤火炉的故事。

我姐姐 2015 年在湖南岳阳的某商场买了一台烤火炉，价格是 185 元。她后来告诉我，说她逛了大半个商场，发现不同的商家所卖的烤火炉价格都不一样，有的 99 元，有的 105 元，有的 115 元，有的 145 元，最后她却花 185 元买了一台最贵的烤火炉，而且没有还价。

我心里在想，185 元怎么还贵呢？更关键的是，她居然没还一分钱的价，我感觉这有点匪夷所思。女人购物“一般都喜欢砍价”，姐姐也不例外。她每次跟别人买东西，为了还价总要磨一阵子的嘴皮。

正当我疑惑的时候，她突然间告诉我，说这款烤火炉保修十年！而且，仿佛还特别得意似的。

听她一说完保修十年，我一下子懵圈了，一款售价 185 元的产品还能保修十年？

但不管我如何怀疑，她就是买了那款“最贵的”烤火炉；她就是因为“保修十年”而没有还一分钱的价；她就是因为“保修十年”而非常得意！

一件非常普通的商品，只要商家延长保修时长，都能让那些平时爱占便宜的女士付出高价来购买，而且还买得不亦乐乎。原因就在于人们买的是踏实感和信赖感。

事实上，无论是保证结果，还是提供无条件退换，还是负责更长的保修期限，这背后体现的都是你对产品的信念，人们会因你敢于保障的信念所折服，人们会因你所提供的保障度买得更踏实、更放心！

到此为止，关于“构建信任”的内容就讲述完毕，我们依次讲解了真实度、优势度、反响度和保障度，构建信任的核心思想和实施逻辑也就是构建这“四度”。只要针对产品或品牌把这“四度”构建好，我保证，那些原本不了解你的顾客必定会对你的产品或品牌产生较高程度的信赖感，于是乎，他们就从市场上的陌生顾客变成了愿意跟你发生关系的意向顾客。

第4步 销售就是要锁定成交

触发感知

Lock the Deal ● 99% of People Don't Know the Sales Steps ●

对于销售单款产品而言，前面已经重点讲述了“找出卖点”和“构建信任”这两个环节，那么，是不是只要找出了产品的卖点，构建了信任，顾客就一定会产生强烈的购买欲望呢?

答案是不一定，甚至远远不够!

如果有一款产品通过广告非常明确地告诉你，它有哪几大卖点，这几个卖点也跟你的需求极为相关。同时，这款产品是由一个权威级的人物在代言，而且客户好评也不少，你会不会立刻就变得情不自禁，恨不得马上就想掏钱把它买下来呢?

你不会这么感性，因为商家还没有激发出你大脑当中的那种“特别想要”的感性动力。换个立场来看，顾客在面对产品时也是一样，如果心中的感性动力还没有被激发，他们也难以产生“特别想要”的购买欲望。

记住，人们不是因为知道而改变，而是因为触动而改变。

事实上，找出卖点就是为了让顾客知道产品的价值，构建信任就是为了让顾客相信产品的价值，而触发感知则是为了让顾客感受到产品的价值。卖点和信任侧重于理性层面，感知侧重于感性层面，成交其实是一个由理性力量和感性力量共同推进的过程。

如果已经在理性层面上把价值描述得很清楚了，成交率依然不是非常可观，背后最大的玄机是因为还没有让顾客感知到价值的存在。事实上，大多数人的成交率之所以无法获得一个质的突破，关键原因就在这个点上！

就像去看一场电影，电影出品方必然会先用海报或简介的形式把这部电影的看点和用户好评度交代清楚（也就是把卖点和信任度阐述清楚），更关键的是，一定会播出一些特别精彩的内容片段来吸引观众。如果观众看完之后，感到非常震撼，甚至能触动的心灵，就能触发观众想去电影院看这场电影的强烈欲望。

之所以会被触动，并想要去看整部电影，是因为观众已经感知到了，而不仅仅是知道。

如果说卖点和信任是推动成交这趟列车启动的始发站，那么，触发感知就是推动列车能快速到达终点的加油站。卖点和信任是启动成交不可或缺的基石，但触发感知就是推动成交进程的能量航母。

所以说，触发感知是驱动成交的一个至关重要的环节，只要学会打通这个环节，成交能力必将会获得一个革命性的突破。

如果想成为一位成交高手而不仅仅是一位及格选手（当然，无数人连及格水准也没有达到），那么，对于触发感知这个成交环节，就一定要跟着本书的思维加倍专注地学习和反思。因为我发现，过去每次在讲“销售就是要锁定成交”课程时，总有一些学员在学习这个环节时“晕菜”（其他环节基本上都能掌握），但“触发感知”对成交的作用力乃至对营销的作用力又实在是太重要了。

那么，到底如何来触发顾客的感知呢？

这里面必须要搞明白两层要义，首先是要让顾客感知什么？

当然是让顾客感知价值，但价值的灵魂就是顾客最想要的结果，如果产品不能给顾客带来他所想要的结果，那么，你这个产品就没有价值。

因此，所谓触发感知，说白了，就是必须让顾客从某种程度上感受到他想要的结果。

为什么人们会对某样东西产生蠢蠢欲动的感觉？就是因为他感受到了一定程度上的结果却又不愿意失去。因此，要想真正占有这个结果，只有立刻采取行动。

就像一位单身男士一样，如果他的世界从来没有出现过漂亮的姑娘，他是不会无缘无故对漂亮姑娘产生念想的。直到某年某月的某一天，在某个烟雨蒙蒙的江南小镇，邂逅了一位绝世美女，那天仙般的仪态加上那一瞬迷人的回眸，顿间就激发了他想要立刻认识这位美女甚至想要将之拥有的冲动和欲望。他可能会在未来的一段日子里魂不守舍，茶不思饭不想，因为他感知到了他想要的结果。

蠢蠢欲动之所以会产生的根源就是因为人们垂涎于结果。换句话说，如果一个人没有感知到某种想要的结果，何来蠢蠢欲动？

那么，怎么才能让顾客感知到他想要的结果呢？

从严格的意义上来讲，人类的感知维度可分为视觉、听觉、触觉、味觉、嗅觉和意想六个维度。为了便于理解和记忆，特地把这六个维度简化成了三个维度。其中，视觉就是看得到，听觉、触觉、味觉、嗅觉这四觉加在一起统称为体验到，意想就是预见到。

因此，根据触发感知的两层要义就能知晓，要实施触发感知这道成交步骤，就是要让顾客看得到结果，体验到结果，预见到结果！

下面帮你一一解开触发感知的三道密码。

感知一：看得到结果

什么叫看得到结果？

就是直接把客户最想要的结果摆在他眼前，让他触手可及。

人们很难对那些离自己很遥远的，甚至连想都想不到的事物产生欲望，但人们几乎无法抗拒眼前的结果，一旦发现那个令他们最想要的结果就摆在眼前时，就会蠢蠢欲动地想要即刻拥有。

成交高手与普通成交选手之间的首要差别就在于：谁能在顾客的眼前最大限度地展现出顾客最想要的结果，谁就能更快速地激发出顾客的行动欲望。

什么叫作最大限度地展现结果呢?

就是当人们看到某个画面时，下一步就等着享用了。简言之，也就是必须展现出人们在使用某种东西之前的最后那个画面，当他看到这画面之后，马上就想要拿来使用了。

就像去别人家做客一样，主人问你喝茶不，通常都会说不喝。之所以说不喝，也许是真的不渴，但更多的原因是出于礼节。但如果主人把茶泡好了，而且都已经端到你手上来了，这时候，你一定会喝!

之所以会喝，因为你看到了最后的结果画面，只等你来喝了。

反过来讲，别人来你家做客也是一样，人家要的结果是那杯泡好了的茶，结果你老在那里问人家喝不喝，他能说喝吗?直接端上来，他不就喝了吗。

有智慧的待客之道，就是把结果“端”上来，因为任何人都很难抗拒眼前的结果!

再来想象一个场景，假如你是一个喝过啤酒的人，但也没有特别大的嗜好，现在，你和我在一个饭店一起吃饭，在这个场景下，你想要喝啤酒的欲望大致会有四个层级。

第一层级：我什么也不说，你会不会特别想要喝啤酒?有可能会想到，但你的欲望不是很高。

第二层级：我跟你说："兄弟，咱们喝点啤酒吧！"这时，你想喝啤酒的欲望会有所提升，因为我提到了啤酒。

第三层级：我不问你，而是直接叫服务员把啤酒拿过来，放在桌上，这时，你想要喝啤酒的欲望会比前两个层级有进一步提升，因为你已经看到了桌上的啤酒。

第四层级：我把瓶盖都打开了，而且把酒都倒在你的杯子里了，这时，你想喝啤酒的欲望就到了最高层级，你几乎不会不喝，除非天气很冷。原因就在于你看到了最后的那个结果画面，就等着你来喝了。

就像在恋爱初期的男生约女生看电影一样，作为一个女生，你说要请她看电影，她通常都会说不去，因为大多数女生都很矜持，她不去，就表示她没有行动。

你应该怎么做呢？

先把两张电影票买回来，摆在她眼前，同时告诉她，说今天晚上电影院上影的是好莱坞最新大片——《阿凡达》，保证精彩绝伦，不看一定后悔。这个时候，我保证，她去的可能性，至少要增加 50%，原因就是她看到了结果。

想看电影，是不是需要电影票？因此，当她看到电影票，就是看到了她去看电影之前的最后那个结果，有了这个结果，就只等去看电影了。

生活智慧是如此，成交智慧亦是如此。大多数营销人之所以卖不好产品，也是因为废话说了一大堆，却没有把客户最想要的结果展现出来。

展现结果就是展现顾客在使用产品之前的最后画面，让他一看到这个结果画面就跃跃欲试，恨不得马上就想要拿来使用。

以卖水果为例，一般的小商贩是怎么卖梨的呢？

一般的商贩都是在大声吆喝："卖梨咯，卖梨咯，新鲜上好的大鸭梨。"做生意需要吆喝，这本身没什么问题，但这种吆喝的角度有问题，顾客想要的结果是不是你要卖梨？显然不是，要卖梨是你想要的结果，而顾客想要的结果是要吃梨！

你知道上海滩大亨杜月笙卖梨的成功秘诀是什么吗？

他不是直接吆喝"卖梨啦"，而是紧紧盯住即将要路过他摊位的路人，同时在三五秒内就把梨削好了。等这位路人刚好经过他的摊位时，他就把削好了的那只水汪汪的大鸭梨吊在那位过客的眼前，随口说一句话："美女，来吃个梨吧！"假如你是那位美女，你是吃还是不吃？

你想想，人们在吃梨之前的最后画面是什么？就是已经把皮都削好了，只等你来吃了，这就叫作最大限度地展现结果。展示了这个结果，就会轻易拉起人们想要吃梨的欲望——看到就想吃。

当年的杜月笙就是通过这个销售秘诀，成为上海闸北区最会卖梨的那个人。后来，由于他出众的生意才能得到了黄金荣的赏识，被招到其门下做事。因为其自身的天赋和勤奋，加上贵人的提拔，成为当时上海滩最具影响力的风云人物之一。

又如，以租房为例来说吧，什么样的房子最容易租出去呢？

很多租房中介公司的销售员或房东带着租客去看房，一般都会跟租客讲："如果您租下这套房子，到时候我们会安排服务工人给您配上空调、电视、宽带和热水器等设备。"在这种情况下，我跟你保证，大多数租客都会转身离去，再到别处重新找房，为什么会这样？

因为你说的是到时候会配置啊，但在他的眼皮底下还没有看到这些结果，没有看到结果，他就不会触动。这些设备反正都是要配齐的，为什么不事先都安置好呢？如果这些设备都能在租客的眼前呈现，只等着他们搬进来使用了，他们就会迫不及待地想要租下这套房子，因为他们难以抗拒眼前的结果，而且还担心被其他租客抢走。

能否让客户看到结果，将直接影响他们的购买欲望。所谓让顾客看到结果，最基本的理解层面就是必须要让顾客看到产品的画面，但仅仅看到产品长什么样子，这还不够，还要继续展开，一直展开到最大限度地接近顾客最想要使用的那个画面。

再如，就算是在网上卖打火机，不仅仅要展示出这款打火机的外观款型，而且还要打出一大朵金黄金黄的明火，然后把这个画面拍下来，在产品介绍页面展示。一位男士买一款打火机，一般的作用就是点烟，那么，点烟之前的最后一个画面是什么？当然就是那一大朵明火，当看到了这一朵明火，他的下一个动作就是——点燃一支烟。所以，他才会蠢蠢欲动，想要购买这款打火机，这就叫真正地看到结果。

记得在七年前，我来到上海打拼，当时在上海的徐家汇租了一套住宅。卧室里什么都有，就是没有床单，我只好跑到楼下附近的一家比较大型的超市去买床单。

当我在超市里找到一家专卖床单与被褥的摊位时，只见一位小姑娘（售货员）拿着一包一包的床单在那里喋喋不休地跟六七位中年妇女介绍她的床单有多好。但遗憾的是，她介绍了十几分钟，只有一位顾客买了她的床单，其他好几位顾客都漫不经心地转身去了其他的摊位。

站在旁边的我是多么希望这位小姑娘能卖好她的床单，于是，忍不住想给她介绍卖床单的方法。

我问她："小姑娘，你想不想让你的床单卖得更好？"

她说："那当然啊，卖得好，提成就多，其实，我们的床单真的很好……"

我说："我知道你的床单很好，但刚才的情形，七位顾客只有一位买了你的床单。我给你一个方法，如果下次也是类似的情形，我保证，七位顾客当中，至少会有三位顾客买你的床单。"

她一下子愣住了，有点不敢相信。

我说："你去准备一张床和床垫，在你这里摆好。同时，把你这里最好看的床单铺在床垫上面，怎么好看就怎么把它铺好，等下次再有顾客光临时，你就一边让顾客看到这里已经铺好了的床单，一边跟他介绍这款床单的优点。”

她仿佛有一点点听懂了我的意思，但又特别没有主见地告诉我说：“我们老板没说要这么干啊，不知道我们老板会不会同意？”

我随手递给了她一张名片，上面有我的专业身份介绍，然后告诉她：“跟你们老板说说这个建议吧，如果他（她）同意了，你的床单一定会卖得更好！”

大概在一个星期之后，我去到同一家超市买微波炉，无意间经过这家卖床单的摊位，非常欣慰地发现，这家摊位里摆了两张非常大气的床，床上铺了相当精致雅观的床单。

于是，我颇有兴趣地在一旁停留了大概半小时，看见眼前一拨又一拨的顾客，大概每两人咨询，就会有一人买床单，而且从咨询到成交的时间区间比之前短了很多。

事实上，我所使用的成交策略正是让顾客“看得到结果”，因为床单如果放在包装盒里，是没法让顾客看到结果的，顾客把床单买回去不是为了欣赏包装盒，而是为了铺到自己的床上。

所以，对卖床单的销售人员而言，应该事先把床单铺好，让人看起来很唯美、很温馨、很浪漫，顾客一看到这个结果，马上就会想着要睡在上面。而这个铺好了的结果，就是顾客在使用床单之前的最后那个画面！

现在我要问你，当你在卖产品的时候，有没有让顾客看到结果？

感知二：体验到结果

看得到结果指的是把产品展开到顾客使用前的最后一个画面，所以，看得到结果只是一个画面；体验到结果指的是，顾客已经在跟你的产品发生关系，所以，体验到结果必须是有人参与使用产品的过程或场景。

看到桌上有一盘美食，垂涎欲滴忍不住想吃，这叫作看得到结果。然后，开始品尝一口，这就叫作体验到结果。体验之后，感觉果然是美味佳肴，于是，就更想吃了。

要体验到结果的前提必定是看到了结果。所以说，看得到结果是体验到结果的基础，体验到结果是看得到结果的升华，体验到结果对消费者购买欲望的拉动力更高于看得到结果。

因此，只要学会了如何让顾客体验到结果，成交功力必将会上升到一个更高的能量级。

根据使用场合和使用途径的不同，体验到结果分成三个类别，分别对应——真实体验、临摹体验和场景体验，这三个类别各有用武之地，只要学会了这三个类别，也就掌握了体验到结果的全部奥秘。

真实体验

真实体验就是让顾客切身体验一个看得到摸得着的产品或服

务，例如，说让顾客到门店或卖场来体验。当他真实地体验了一部分结果，发自内心地感受到了产品的价值之后，就会更有欲望想把这个产品买回家。

因此，真实体验毫无疑问是推动成交最有杀伤力的一种体验方式。

例如，你是卖车的，你老说车的性能有多强大，顾客能感知到吗？

让他开着你要卖的那款车，爬一个陡峭的山坡试试看！他只要试一试，马上就亲自感知到了这款车的性能；你说这款车的音响效果很好，不如让他坐到驾驶座椅上，打开音响，他一听，发现果然是余音绕梁，和谐动听，如此一来，他马上就体验到了。体验之后，他想要购买这款车的欲望就更强烈了。

作为一个老板想要激励员工也是一样，告诉员工如果完成一个多大的业绩目标，将奖励一台最新款的宝马车。因此，想要激发员工的动力，必须让员工对宝马车产生欲望。

如果员工连捷达车都没开过，怎么可能渴望宝马车呢？他只是听说过而已，所以，你天天在那里说宝马车有多好，那是远远不够的。

只要把你自己新买的宝马借给他开一天，他马上就能亲身感受到宝马车的魅力，甚至爱不释手，舍不得还你。他要想真正拥有一辆属于自己的宝马，那就得拼命做业绩！

假如在商场卖空调，千万不要把空调放在那儿当摆设，一定要把空调打开，让它运作起来，让顾客真实地体验到制冷效果如何，让顾客进入到那种凉爽的环境当中，他就有感觉了。

同样，假如卖电视机，不要只是把电视机冰冷地放在柜台前，仿佛是为了让顾客把它当古董来欣赏似的。

把产品运到卖场里面来，是一个让产品对着顾客释放价值的动态环节，是一个让顾客与产品发生“沟通”的连接过程。因此，要想把这款电视机卖好，应该打开电视机，把沙发都摆好，让顾客坐在沙发上，尽情地欣赏那种精致而大气的画面，尽情地享受那种唯美而清晰的色彩，尽情地聆听那种洪亮而迷人的声音。也就是说，要让顾客仿佛坐在自家的客厅里一样，体验整个看电视的过程，一旦体验到这样的乐趣，内心里就会燃起想要把这台电视机买回家的欲望。

为什么顾客听你滔滔不绝地介绍产品，还是对产品不太感冒呢？因为你讲再多，顾客也依然只是站在岸上，而一旦他能体验到结果，他的欲望就会瞬间被激发出来。

就像喝汤，假如有异地的朋友请你吃饭，向你介绍一款家乡特色汤，你本来也不怎么想喝，你的朋友就劝你先试试。你恭敬不如从命地先小酌了一口，突然间发现真是上等美味啊。于是，你真想马上抡起大勺，滔它几瓢，狠狠地喝一顿。

为什么你喝汤的欲望会更强烈呢？就是因为体验刺激了你的味蕾。

所以说，体验结果对提升成交效果的作用力，绝不仅仅是解决信任问题或所谓的诚意问题，从某种意义上来讲，它根本不是用来解决信任的问题，它更大的力量在于进一步从感性力量上拉起顾客的购买欲望。换句话说，顾客并不是不信任你说的话，而是他本来并没有那么想要你的产品，一旦他体验到结果之后，就有可能想要了。

因此，如果想要利用真实体验来触发顾客的感知，必先要搞清楚人们买这款产品最想要的结果是什么，然后鼓励他试用。“体验”这个词，通俗地讲，就是试用的意思。更关键的是，必须保证顾客在试用之后，能感受到他所想要的结果，只要做到这一点，顾客的购买欲望就会得到急速提升。具体引导顾客“试用”的步骤如下。

第一步，了解顾客需求。如果在商场卖衣服，首先，你必须搞明白顾客买衣服最想要的结果是什么。毫无疑问就是让她自己变得更好看，变得更有姿色，然后为了获得更多的眼球关注，这是你生意思维的第一步。

第二步，鼓励光临顾客试穿。当一个小姑娘带着她的闺蜜来到你的门店“扫描”各种款型时，发现她的目光突然间在某件衣服上停留了几秒，敏锐的洞察力应该立刻判断出这个款型似乎入了她的眼。这个时候，你必须马上把这件衣服摘下来鼓励她试穿。你一边摘取这件衣服，一边用三两句简洁的语句快速介绍这款衣服的卖点和优势，以加强她的试穿欲望。

第三步，送上赞美之词。当她从试衣间出来之后，你的第一反应要表现出很吃惊的样子，盯着她看几秒，随即拿出你的手机？郑重其事地说一句："请等一下，小姑娘，我可以为您拍张照片吗？因为您穿上这件衣服实在是太好看了，每次我看到有好看的衣服配上好看的人，我都特别想拍一张照片。"

当你夸顾客的时候，顾客一般都不会拒绝。试问大千红尘，有几位女子能挡得住赞美？

等你拍完之后，一定要记得把手机当中的照片给她看，她一看，感觉自己果然是焕然一新，跟变了个人似的，如果此时还有更多走过路过的男生在偷偷摸摸地看她，她几乎就心花怒放了，无论是她的表情还是心里面，都会美滋滋。

当这位小姑娘看到此情此景，很可能都舍不得脱掉了，感觉这件衣服简直就是为自己量身定制的，不买回家晚上都睡不着觉。

再来回忆一下整个过程，一开始，只是因为这位小姑娘的目光不经意地"扫描"到了这件衣服，其实那个时刻的她并没有多大的渴望，充其量只能说她有一丁点兴趣而已。后来她为什么更想要呢，因为她体验到了结果！

如果就在此时此刻，站在旁边的闺蜜告诉她，说另一个商场还有更漂亮的衣服，她会不会相信？当然会相信，因为她们之间是闺蜜的关系，闺蜜肯定不会骗她。而且，从客观事实来讲，其他地方也一定有更漂亮的衣服，世界如此之大，没有最好，只有更好。

但是，这位小姑娘会不会因为听了闺蜜的话马上就转身走了呢？这很难！或者说，十有八九不会发生这种情况。

因为，一时的相信是显意识力量，而感知则是潜意识力量。朋友告诉你别处还有更漂亮的衣服，但在你的大脑里面根本还没有出现有多么漂亮的画面。或者换句话说，你根本就没有分散精力去想象另一件衣服怎么样，你只是从理性逻辑思维上相信了朋友说的话而已。

而现在，她已经亲自体验到了当下这件衣服的美，舍不得脱掉了，因为感性开关已被打开，一时间难以被关闭。即使此时此刻被朋友强行拉走了，她也会魂不守舍，心里面老是念念不忘那件衣服。然后，她极有可能在半路上扭头就走，同时对她的闺蜜急匆匆地说一句："我还是想要那件衣服！"

人们往往会认为，他当下体验到的事物通常都会在某种程度上高于他尚未触及的事物。也就是说，我们往往会认为所感知到的结果比事实情况更极端，我们往往会高估我们的感知，用一句大家不太爱听的话来讲就是：我们经常会"自以为是"。

例如，你认为某个人很好，甚至认为他就是全世界最好的人，事实上，他并没有你想象得那么好；或者你认为有个人很坏，事实上，他也并没有你想象得那么坏。因为你只是在某一个框架下感知到了一个片面，而没有跳出框架去感知更多的方方面面，所以，你才作出如此"高估"的判断。

在我十六七岁到二十来岁期间，因为没有多大的生活压力，所以时常会去中国的很多景点旅游，很多名山大川和江南古镇都有我的足迹。

有意思的事情是，几乎每到一处，我都会觉得那里是全世界最美的地方。19 岁的时候去广西桂林看山水，一回到学校就热血沸腾地告诉同学们，桂林简直就是人间的天堂，不去桂林旅游，绝对后悔。20 岁的时候到湘西凤凰，连玩了一个星期不想回来，因为我觉得那里是人间最美的古镇；23 岁的时候到上海影视乐园一边看剧组拍戏，一边品味旧上海滩的风光，觉得那里才是最让我留恋的地方，因为在我年少的时候，心中一直都装着一个演员的梦想；再到后来，到成都出差时，客户带我去青城山，突然感觉到青城山才是全世界最美的地方，以致我的大脑当中囤下了数十个"最美"。

一直到我明白了感知大于事实这个原理之后，我才觉醒过来，这些"最美"都只是我心中的"自以为是"。事实上，山外肯定还有山，天外也一定还有天。但当我处在某一个环境时，我只能体验到当地的风景，而其他地方根本没有感知到，所以，才会作出如此"狭隘"的判断——感知大于事实。

感知大于事实源于人们在体验到结果之后的认知，当人们在体验到某种结果之后，他就会自发地产生一个"我以为是这样"的认知，或者产生一个"我以为这个就是最好"的认知。因此，在实际价值没有太大区别的前提下，谁先让顾客体验到结果，顾客就会认为谁的产品比同类产品要好，顾客也就会优先决定购买。

毫无疑问，体验结果对任何人的欲望感召力和行动感召力都是巨大的。

在20世纪八九十年代的大街小巷上，特别流行玩一种叫作“按指针中奖”的游戏。经常会看到一些人拿着一个指针盘驻扎在某个地点，在这个指针盘上面有中奖的数值，有赔付的数值，也有无效的数值。如果你想玩的话，当你按下去的指针指向“+3”时，那就代表你赢了3元，庄家要赔你3元；如果指针指向“−5”，那就代表你要赔给庄家5元；如果指针指向“0”，那就相安无事，不赢不赔。

那么，庄家是如何鼓动无数人来玩这种指针游戏的呢?

从理性上来思考，你相信他会让你赢钱吗？他摆摊也就是为了生计，怎么可能让你赢钱?

但他每次都会让你试玩，你试玩的时候，基本上每次都会中奖，中奖是不是体验到了结果？是的！当你体验到结果之后，就产生了想要真玩的冲动，你以为你也会中奖。事实上，等真玩的时候，十次有八九次都会输。

之所以讲这么多案例和现象，无非是想让你掌握一个至关重要的营销策略——激发人们产生行动欲望的撒手锏就是让对方体验到结果!

我绝不是教你如何去算计顾客，我向来对江湖术士和不良奸商痛恨至极。菜刀可以用来杀人也可以用来切菜。营销的世界，一念成佛，一念成魔，就看你心安何处，就看你用这些招数往哪个目标使力。你是迫切想要用你的产品成就顾客，还是一心只想把顾客口袋里的钱掏到你口袋里来?

如果把心定在成就顾客上，我保证，你的事业将会延绵不绝；如果你一心只想算计顾客，我同样也保证，再好的项目也只会是昙花一现。

临摹体验

真实体验固然是一种极其强大的营销力量，也是触发顾客感知最直观的体验方式，但不是每一种营销场合或者成交场合都能使用真实体验。例如，在当下已经非常成熟的电商环境下做生意，尤其是在时下势不可当的移动互联网商业生态下做营销，若不是采用 O2O 营销模式,绝大多数的真实体验方式都将失去用武之地。

例如，在京东、天猫上卖手机，你会不会把手机先寄给用户，等他们免费试用满意后再收费？就算是小米这样的手机大鳄也做不到，更不用说中小微商家了。

即便通过微商来卖面膜，一般的卖家也不愿意让顾客先免费试用再付费，主要原因还是因为成本和现金流难以控制。

在虚拟的商业形态和交易环境下，既然真实体验难以发挥其原有的优势，那么，应该如何来触发潜在用户的感知呢?

答案就是把原来的真实体验临摹出来，然后把临摹的结果搬迁到 PC 互联网或者移动互联网上来。临摹真实体验的过程，称为临摹体验。

所谓临摹体验，具体的实施方法，就是商家通过视频或图文的形式把真实的体验过程、体验感受和体验结果一步一步呈现出来，让受众通过计算机或手机屏幕看到这些体验内容，进而让受众不知不觉地把视频或图文当中的体验者当成自己，最终目的就是让受众建立一个自我感知："当我拿到这个产品之后，我也是这么来体验的，我也会获得这般感受，我也会体验到同样的结果！"

说白了，临摹体验就是你自己或者你派一位体验者通过视频或图文的形式，一步一步带着受众来体验产品，只是他（她）还没有拿到产品而已，但他已经临近真实地感知到了整个体验过程和结果，因为你已经把视频或图文当中的体验者临摹成了受众本人！

因此，在整个临摹体验的视频或图文当中必须包含以下必不可少的三项要素，简称为临摹体验铁三项。

第一项：必须展现产品。

用户体验的对象是产品，如果连产品都没看到，那么，让用户体验什么呢？只要产品没出现，再多的文字描绘都是苍白的，只要产品没出现，肖邦也弹不出用户的感知。

第二项：必须展现人物。

人是产品的唯一体验者，没有人就不存在体验这回事。更何况，本来就是要把真实体验者临摹成潜在顾客。但现实情况是，会发现很多临摹体验的视频或图文当中，只见产品，不见其人，如同"只见楼梯响，不见人下来"。

第三项：必须展现变化。

展现变化是一个统称，具体来说，就是必须展现出体验过程、体验结果和体验感受。有体验过程才能临摹出体验真实感，有体验结果才能临摹出产品的成效，有体验感受更能激发受众的情绪。

可以这么来理解临摹体验的铁三项要素，产品是女主角，人物是男主角，变化就是男女主角相处之后所擦出的火花以及修成的正果。

为了更加透彻地吸收和学会临摹体验的操作细节，来看几个关于临摹体验的案例。

知名面膜品牌膜法世家 1908 是如何通过电商来表现临摹体验的？

膜法世家 1908 是一家迅速在互联网上崛起的电商企业，其品牌地位及其号召力在面膜这个大领域绝对强大而领先，甚至在整个互联网化妆品行业都牢牢地占领着一席之地，仅仅在其入驻的天猫商城，膜法世家 1908 的单品销量都已突破 50 万件。

膜法世家 1908 之所以能在电商行业成绩斐然，不仅因为它开创了一种使用绿豆面膜来清理皮肤垃圾的全新方法，而且它把这款产品的体验过程临摹得惟妙惟肖，让那些爱美的女性蠢蠢欲动，无法抗拒。

让我们来体会一下膜法世家 1908 表现临摹体验的图文详情吧！

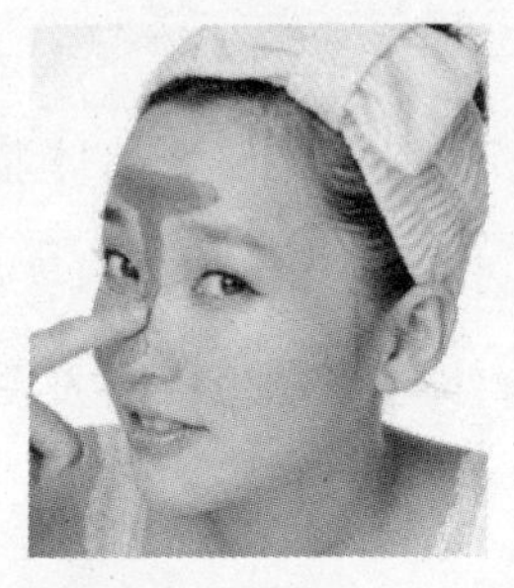

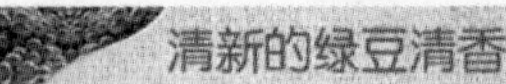

打开面膜盖子，一阵清新的绿豆清香扑鼻而来，太好闻了！

水润细腻的膏体

灰绿色的膏体，滑滑的，很细腻，延伸性超好，轻轻松松地涂满整脸，厚厚的一层哦！

清凉舒适的触感

刚敷上脸，顿时一阵清凉感蔓延，仿佛感受到了绿豆新鲜萃取精华带来的鲜活能量！

直观使用前后皮肤变化

现在来对比一下使用前后效果吧，原来肌肤有些黄黄的，油油的，看现在皮肤明显白皙了，很干净，很清透了，连毛孔都隐形了！

水分测试

来做个水分测试吧，起初面部肌肤的初始水分值为20.2%，在使用后肌肤水分值为52.7%，30分钟测试面部肌肤的水分值为48.1%！

以上两张图文就已经把体验步骤、体验成效以及每一步的体验感受一一表现出来了。不仅如此，后面还有更加生动和具体的表现。

“你看到镜子里‘新鲜’的自己了吗？”看到这句话，你会有什么感受？千万别认为这句话很普通，实际上它释放出了极大的营销能量。因为这句话已经完全把其中的体验者临摹成消费者自己了，让你一边欣赏图文，一边在大脑里边浮想和感知这个“新鲜的自己”，把他人体验想象成自我体验。

不过，这种图文表现形式还只是简单的临摹体验，最逼真最打动人的临摹体验，就是使用视频表现形式。继续以膜法世家1908 为例，如果想改进一下的话，我一定会安排一个富有表演经验的美女来把整个体验过程“表演”一遍，包括体验动作、面部表情、内心感受和体验效果都必须生动形象地表达出来，同时把以前的文字内容变成视频当中的声音旁白，如此一来，必定会比图文形式更富有营销感染力，因为消费者看到视频比看到图文更能身临其境地体验到结果。

乔布斯是如何利用临摹体验来把苹果手机卖到全世界的?

在每次新产品发布会上，每当乔布斯讲完某一代苹果手机的若干个卖点之后，他一定会非常兴奋甚至非常痴迷地在现场的观众面前体验一遍，并且会把全部操作流程，尤其是会把超越竞争对手的各项性能指标在幻灯片的大屏幕上和盘托出，让现场的观众们一目了然，从而让他们发出心悦诚服的感叹:“哇，这个产品太强大了，真是‘酷毙了’!”以此拉起现场观众的极度渴望。同时，他一定会把整个发布会拍摄成视频，然后再由一级经销商把产品发布会视频传给全球各级经销商。当那些没有来到现场的经销商看到乔布斯的发布会视频之后，同样也能“体验到”苹果手机的非凡价值，于是，他们就会更有渴望来经销苹果手机。所以，你就明白，乔布斯把苹果手机卖到全世界的一个非常重要的销售秘诀就是用视频来临摹体验。

脑白金是如何利用临摹体验把它的产品卖给数亿消费者的?

众所周知，脑白金曾经宣传一个几乎所向披靡的消费诉求叫作——孝敬爸妈脑白金。那么，脑白金广告是怎么煽动数亿人来孝敬爸妈的呢?

其实，只要懂了临摹体验的使用精髓，就会了然于心。

想想看，脑白金购买者的体验过程是什么？就是拎着一盒脑白金走到爸妈的家门口送礼来了；他们希望看到的结果是什么?就是看到父母收礼时的那份欣慰与喜悦之情；他们送礼之后会有什么感受？同样也是自己的孝心得到满足之后的欣慰与欢喜。

因此，脑白金正是把这一番情景通过视频广告的形式表现出来的，而且表现得极其生动，极富有感召力，让人们看了之后仿佛身临其境，于是就情不自禁地想要买盒脑白金回去孝敬自己的爸妈。

记住，所临摹出来的体验，越能让受众感到身临其境，就越能拉起他们的购买欲望。

总而言之，无论卖什么产品，无论使用的是视频表现形式还是图文表现形式，一定要牢牢抓住临摹体验的铁三项元素：产品、人物以及更重要的体验过程、体验结果和体验感受。当你着手去这么做了，你会发现你的成交效果必定能获得显见的提升。

场景体验

临摹体验是指体验者为受众所临摹的一个体验过程，而场景体验则是体验者为受众所临摹的一个体验场景。说白了，场景体验就是在临摹体验当中所截取的一段最容易打动人心的场景，这就是场景体验与临摹体验之间的差别和联系。

为什么除了使用临摹体验之外，还有必要去使用场景体验呢？

换句话说，场景体验有何用武之地呢？

这是一个信息极度爆炸的时代，这是一个注意力极度缺失的时代，不是所有的受众一开始就会把你所表现出来的临摹体验来感知一遍。他们不见得会停留几分钟甚至几十秒跟着视频来“体验”一遍，很可能只是对所传播出来的信息瞟一眼，如果这一眼没能在顷刻间触发他们的感知，很可能就会转眼离去。

因此，需要用一幅极具吸引力的场景画面来抓住受众的眼球，激发他们的兴趣和欲望，从而牵引他们有进一步的意愿深入了解产品。

例如，产品的宣传海报、产品包装以及广告背景图片都是场景体验的最佳用武之地。即使在电商的产品销售详情页面当中，通常情况下，访客也不是先去看视频，而是先看图片，只是大多数产品页面当中的图片没有吸引力罢了。因为大多数卖家并没有场景体验的思维意识，换句话说，他们并没有在图片当中融入场景体验的营销元素。

因此，要想在某张图片当中表现出“场景体验”，必须布置一个与产品极度相关的使用场景，让一位体验者（临摹者）置身于这个场景当中。更关键的是，一定要把体验者的体验状态、体验结果和体验感受惟妙惟肖地表现出来，以此来拉动那些能看到这个场景画面的受众对产品产生兴趣和渴望。因为他们能身临其境地感知到：“当我在拿到了这款产品之后，也能获得同样的体验状态、体验结果与体验感受。”

例如，想要通过电商来卖一款旗袍，或者是通过网店来卖任何款型的女士服装，那么，一定要塑造一个生活场景。步行街是一个场景，某个舞会也是一个场景，在这个场景当中有一位漂亮女性（体验者）身上所穿着的正是你要卖的那款衣裳。在这个场景当中，她是最招惹旁人目光的一位女性，她是回头率最高的一位女性，她是最令人羡慕忌妒的一位女性。换句话说，她是整个场景当中最亮丽的一道风景，她是主角，其他人都是配角。

然后，再把整个场景画面使用一张一张的高清图片表现出来，嵌入产品详情页面当中，或者作为推广这款衣裳的广告背景图片。只有如此，才能真正触发潜在顾客的视觉感知，有了感知，才能对这款衣裳产生喜欢和向往。

又如，对于卖可乐或饮料而言，如何使用一个画面来触发受众的感知呢？

凡是那些卖得好的可乐或饮料公司，一定会在产品包装罐上或者在宣传海报上展示：一个或几个明星正在畅饮冰镇可乐的那种饥渴感或畅快感，以此来把你带入想喝的情景。换句话说，你本来没那么想喝，当你看到他们那番特别享受的神情和状态时，你就情不自禁地想要喝了，这就是场景体验的拉力。可口可乐、百事可乐不都是这么干的吗？

在那个画面当中，有人正在喝可乐，这就是体验状态，这个人流露出来的畅快感就是体验结果和体验感受！

场景体验，说穿了，就是在某个场景当中把体验状态、体验结果和体验感受表达出来，最终把整个场景落实到一张图片上。

比如欢乐谷，如果说某个城市的欢乐谷想要通过营销推广来吸引旅客玩耍，光靠广告文案是不足以激发顾客们的兴趣的，因为人们没法感知到欢乐谷游玩到底有多美好。因此，在欢乐谷的宣传海报上，一定要把一群游客正在欢乐谷疯狂玩耍的激情四射的画面呈现出来。如一群人正在玩崩极时的惊险，一群人正在玩漂流时的激情，一群人正在玩极速飙车时的兴奋，必须把这些“场景体验”通过海报、图片等形式表现出来，从而以最快速的方式来触发用户的感知和欲望。

八年前，我受邀给平安北京分公司做了一次为期一星期的保险销售讲座，同时也拜访了《创业邦》杂志创始人南立新女士和暴风影音现副总裁王刚老师等几位朋友。因为在那之前我从未到过北京，于是就借用那次契机一连在北京待了一个月时间，就是为了好生地玩一次，当时还特地在 798 艺术村附近租了一个月的房子。

在那一个月的时间当中，我几乎把北京知名的名胜古迹都走遍了。在我要离开北京回上海的前一天晚上，一个朋友给我发了一条消息说，“欢乐谷很好玩，我陪你再去玩一次，明天我开车来接你”。然后他又给我发来了一连串他之前在欢乐谷“激情玩耍”的情景照片。当我看了他发的照片之后，不由分说地回了一句话：“明天八点准时出发。”

我之所以情不自禁地想要去欢乐谷玩一次，是因为我实在是难以抗拒照片的诱惑。那些照片当中的人们（尤其是我那朋友）在欢乐谷是多么兴奋、多么畅快、多么绽放啊！那些情景，全是令我向往的“场景体验”。

其实，不管什么样的商业形态，都适合使用场景体验来触发受众的感知，其中，最擅长卖场景体验的莫过于旅游胜地。

几乎所有的旅游胜地都不能让你真实体验之后再买门票，但是，它们可以靠卖“场景体验”来“诱导”你去那儿旅游。

具体来说，之所以打算去某个地方旅游，通常情况下，都是因为先在电视上或者在网络上看到了那个地方的画面情景。在那个画面当中，能看到绵延青山，看到潺潺绿水，看到幽幽庭院，看到阳光沙滩，看到烂漫花丛。除了这些诗情画意的景观之外，还有一群一群悠然自得的人儿，他们是享受的，他们是浪漫的，他们是愉悦的，看到此番情景，便开始心驰神往了。

之所以会心驰神往，是因为看到了这些“场景体验”的画面，你也渴望进入这般体验状态，你也渴望获得这般体验感受。

实不相瞒，我本人之所以去某个景点旅游，基本上也是被这样的画面所影响的。我 2007 年看了电视剧《新上海滩》，于是就去了上海影视乐园，因为剧中有太多旧上海时期的场景；2010 年看了电视剧《天堂秀》，于是就去了苏州的山塘街，因为剧中有太多山塘街的场景；2012 年在网上看到了凤凰古城的照片，于是就去了湘西凤凰，一边看江南古镇美景，一边“拜会”我欣赏的大师——沈从文与黄永玉的故居；2015 年看了周杰伦的《天涯过客》MV，于是就去了浙江西塘古镇，因为整个 MV 就是在那里拍摄的。

其实，只要你认真地回顾一下自己的旅游史，就会蓦然发现，但凡是会营销的旅游胜地一定会利用“场景体验”来让潜在游客心驰神往。

无论是做电商，做微商，做产品包装，还是做广告宣传背景，都必须重视“场景体验”的图片设计，即使拍不出这样的画面，也必须时刻懂得场景体验的三要素——体验状态、体验结果和体验感受，有了明智的营销思维，才能指导有效的营销实施。

感知三：预见到结果

预见到结果是触发人们感知的一种最神奇的策略，同时也是激发顾客渴望的一种最“梦幻”的力量，因为它不是让人们看到当下的结果，也不是让人们体验到当下的结果，而是牵引人们对未来的结果产生遐想和感知。

那么，什么叫预见到结果呢?

就是要先假定人们已经做了某件事情，然后把他们做完这件事情之后将会获得的一系列结果提前告诉他们，引发他们去想象这样的结果，以此来激发他们更想要做这件事情。

旅游卫视有一句非常知名的广告语叫作“身未动，心已远”。这句话正好可以诠释“预见到结果”的核心要旨。也就是说，身体还没有到达那里，心就在不断想那里；反过来说，心在不断地想那里，身体就会迫不及待地想要快点到达那里，预见结果的作用就像移心大法一样，只要心先到，身体总会跟着后面到。

凡是优秀的导游一定会懂得让旅客们的心先“去”到一系列的美好景点，从而促使旅客们迫不及待地想要快点到达那些景点。

如果你是一位热爱旅游的人，你就会发现，当游客们还在大巴车上的时候，那些懂得经营人心的导游就会站在大巴车的中央，对着全车的旅客讲述即将要发生的事情。

例如，他会告诉你：明天上午 10 点，将要到达某个风景区，那里的湖光山色有多么秀美；明天下午 3 点，将要去哪里泡温泉，将会有多么悠然自得；后天上午 11 点，将要去拜访某位名人的故居，那里有着什么样的历史故事；后天下午 4 点，将要去参加当地的一个篝火晚会，体验异地小镇的人间烟火与风土人情……

这是在干什么？

就是导游在帮你预见结果！

当听到导游如此详细的讲述，你势必就会对那个地方越来越憧憬，心里面热血沸腾，恨不得马上就要到达目的地，因为你已经变得“骚动”起来。

实际上，但凡会营销的旅游公司，不仅仅会在大巴车上让导游来为游客预见到结果，而且会在潜在游客决定付费报团之前，就会通过各种宣传来为他们预见到结果，从而让受众变得“骚动”起来，进而吸引他们付费报名参加旅行团。

什么叫作“骚动”？

因为你的心里已经非常清晰地想到了各种各样的美妙和好处，你的身体自然就会迫不及待地追着这些美妙和好处行动起来。换句话说，只要能通过“预见到结果”让对方的内心骚动起来，对方就会情不自禁地想要为之而行动。

我之前在跟我的学员讲营销、讲说服这一类主题的时候，我常常会提到一部非常精彩而经典的电视剧——《潜伏》。《潜伏》当中有这样一个故事情节：汉奸穆连成的侄女穆晚秋，因为受尽了丈夫谢若林的家庭暴力和情感虐待，欲了结生命，于是服用了大量的安眠药，所幸被与之有过短暂恋情、潜伏在国民党保密局的地下党员余则成（该剧男主人公）救活了过来。

为了防止穆晚秋再度轻生，余则成给她指明了一条道路，希望她能就此开始，过上一段能复活生命的新生活，这条道路就是让她去延安参加革命队伍。

余则成是如何说服将要绝望的穆晚秋去延安的呢？

答案就是为她预见到了一个美好的蓝图！

余则成对躺在病床上的穆晚秋说了这么一段话：

“其实你面前有一条通往未来的路，值得你活下去，那一路很美好，就像你的诗歌一样；那里有很多人都像我一样，那是另一个世界，好地方，好风光；你想想，晚秋，你站在一列雄壮的队伍里，迈着大步，高唱着赞歌，去改变整个中国，那是什么气势？一个小小的余则成，就是路边的一个送行者，你看见了他，他看见了你，你们挥挥手就过去了，再往前就是更有意义的生活，要是能看得远一点，不就什么都有了吗？包括爱！”

余则成就是用这样一段饱含深情，尤其是饱含希望的语言打动了穆晚秋，让她起死回生，让她找到了人生的价值和生命的意义。

换句话说，余则成之所以能说服穆晚秋，正是因为他帮助穆晚秋预见到了一番美好灿烂的人生景象。

要想帮别人预见到某种结果，自己肯定要“入戏”，更重要的是，必须要让对方跟着你“入戏”。只有让对方入戏，才能真正触发他的感知，才能催生他对所预见的结果的向往。

记住，把将要发生的情景、状态和结果预见得越清晰明了，就越能让对方“入戏”，就越能触发对方的感知和行为。

如果想要招聘人才或者吸纳合作伙伴，不能单纯跟他说你能给他一个美好的未来，因为这是一个笼统的结果，所以很难触发他的感知，使其入戏。

老板必须把公司未来的发展状况和结果预见得非常清晰明了，即使事实结果不见得就是你预见的那么回事。

什么样的预见才能算作是清晰明了呢？

例如，告诉员工和合作伙伴：第一年，将会作出 1000 万元营业额，利润 200 万元；第二年，公司将在哪些地方设立办公室，至少会出现多少个月收入 3 万元以上的员工；第三年，公司市场将会扩张到哪些省市，将会出现多少家连锁店，将会出现多少位有房有车的员工；第四年，年产值超过多少，规模会有多大，市场占有率达到多少……第 N 年，公司将要在哪里上市。

公司的发展前景预见得越清晰明了，就越能吸引人才，就越能驱动员工全力以赴地工作。

同理，作为一名营销人员，如果能按照时间推移顺序把客户在购买以后将要发生的状态和结果预见得越清晰明了、越生动形象，就越能触发他们的感知和行动欲望。

修姿魔茶贴贴瘦为什么能博取千万减肥受众的关注？因为在产品销售文案的开场白就提出了一个极具诱惑力的购买理由，叫作“7 天瘦出小蛮腰，30 天睡出好身材”，对于想要减肥的受众群体而言，这句话显然就是一个强有力的超级卖点。然而，受众不会仅因为看到这句话就产生购买欲望，卖点的主要作用在于吸引受众的关注，让受众们有意愿继续了解你。

那么，这款产品如何来激发受众的购买欲望呢？换句话说，怎么才能让用户感知到这个强大的利益点呢？

受众的潜在问话逻辑其实就是这样的。

“你不是说能帮我 7 天瘦出小蛮腰，30 天睡出好身材吗，请问这款产品是怎么帮我实现这个结果的呢？”

商家要回答这个问题，靠的就是清晰的预见，靠的就是按照时间的推移顺序对用户将来要发生的状况、结果和感受进行生动具体的预见。

“使用第 2 天，排便通畅，小肚子变平了。贴上修姿魔茶贴贴瘦，肚脐处热热的，美美睡一觉。第二天一早肚子里咕噜噜地响，排便顺畅了，鼓鼓的小肚腩变软变平了，肚子不再发胀。”

“使用 7 天左右，腰腹部的赘肉明显变软变少，小蛮腰出现了，大便排出可以看到有很多黑乎乎的臭便和油脂，体内淤积的瘀脂毒素正在被分解代谢排出体外。肚腩在一天天减小，腰围在一天天变细！”

“使用 1 个月，赘肉哗哗掉，S 形身材睡出来。持续贴修姿魔茶，机体代谢加快，消耗大于摄入，‘肥根儿’三瘀逐渐被清除，腰腹、大腿、胳膊、后背……顽固的赘肉开始松动变少，身体变得轻盈。量腰围，哇！至少减了两寸！量体重，减了十几斤，简直太神奇了！”

“使用 3 个月以上，拥有性感曲线，转变为瘦人体质。使用修姿魔茶 3 个月以上，你会发现肚子平了！腰身瘦了！诱人曲线出来了！肌肤也好像光滑有弹性了，色斑减轻，气色红润，太兴奋了！这是因为，淤积在体内的‘三瘀’排干净了，气血通畅了，代谢正常了，再也不用担心反弹变胖了！”

假设一位想要瘦身的人，看完以上几段描述会有什么感觉？是不是感觉就像真事发生在眼前？是不是比“7 天瘦出小蛮腰，30 天睡出好身材”这个卖点更易被打动？

当看到一系列具体的状态和结果将要一环一环地发生时，大脑当中便会轻易地浮现出一种身临其境的画面，感觉只要往前走一步，就能触手可及。为什么很多人在梦醒时分，还无法迅速从梦境当中走出来？因为梦中的那个画面实在是太身临其境了，所以当我们醒来时，还以为是真实的情况在发生……

因此，使用清晰的预见来触发用户的感知，首先就是把用户将要使用某款产品的全部过程分成若干个时间节点，然后再按照先后顺序，把每一个时间节点上用户将要发生的状况、结果和感受一一描绘出来，对每一个节点的描绘越生动形象、越感性具体、越惟妙惟肖，就越能触发用户产生深刻的感知和深度的向往。

对于如何来触发用户的感知，已经为你解开了三道密码，分别是看得到结果、体验到结果和预见到结果。所谓看得到结果，核心操作方法就是展现出用户在使用产品之前的最后那个结果画面；体验到结果，必须是有人参与的整个体验过程或体验场景；预见到结果，是对用户将要发生的使用情况进行具象的描绘。

在这三道密码当中，用得最多的就是体验到结果，体验到结果已经包含了看得到结果，而预见到结果相对比较难以掌握，所以，无论如何先要学会使用体验到结果。

第5步 销售就是要锁定成交

满足值得

无论找出多么强大的产品卖点，无论构建多么深厚的客户信任度，无论能触发多么强烈的用户感知，最终，我们都是希望跟客户发生一笔一笔的交易。

交易是一个什么过程？

简单来说，交易就是一个价值与价格的交换过程，换句话说，一旦顾客想到了“交易”这件事情，就一定会在心里盘算——我花这个价钱来购买这款产品，值得吗？如果值得，就愿意支付这个价钱来购买；如果不值得，就不想购买了。

在营销的世界里，“值得”是一个极其重要的心理学关键词，顾客是否愿花钱购买，最大的纠结就在于“值得”二字。

想要买别墅的顾客在想，花 600 万元买这套别墅值得吗？告诉他，到明年必将增值 20%以上，他就愿意买了。

需要买工业设备的顾客在想，花 50 万元买这台工业设备值得吗？告诉他，普通设备的平均寿命是 10 年，价格为 40 万元，平均每年得花 4 万元，而你的设备寿命能延长 5 年，平均每年只花 3.4 万元，他就愿意买你的设备了。

事实上，不仅仅是营销，每个人在做每件事情之前，都在心里面权衡是否值得：“我花 8 个月的时间来打磨产品，值得吗？我花 3 万元去培训班，值得吗？我花 10 年的时间来创办一家伟大的企业，值得吗？”

对我而言，凡是我认为能提升自我的事情，都值得我去做，在我能承受的范围之内，无论付出多大的代价，我都一定会去做，就因为我认为值得！

在解决了卖点、信任、感知之后，接下来，重点需要解决的事情就是满足用户心中的值得感。只要能让顾客感觉到的确物超所值，而且更值得，那么，顾客势必就会更乐意购买。

怎么才能满足用户心中的值得感呢？

接下来，从升腾、对比和附加这三大“剑法”来教你打造颠覆常态的值得感。一旦学会在成交环节当中使用这三大“剑法”，客户必将会心甘情愿地付钱购买你的产品。

值得一：升腾

什么叫升腾？

在产品原本价值的基础之上寻求更多层级的价值，换句话说，就是把原本的价值进行多次提升。

无数人只是把价值定格在某一个原点上，所以，顾客也就认为只是获得了单一层级的价值。实际上，任何产品能为顾客带来的价值永远不只是单一层级的，而是多层级的，只是顾客自己并没有直接意识到这些价值的存在而已。

因此，需要更加深入地挖掘和提升那个原本的价值，一旦产品的价值在顾客的大脑当中得到了升腾，他们理所当然就会感到更值得。

升腾价值的重要指导思想就是，告诉顾客，因为获得了某种好处之后，还将引发出来什么样的好处。那些引发出来的好处，就是升腾出来的价值。

当然，关于如何升腾价值，有更明确的升腾方针，也就是价值升腾的三大层级：功效、情感、希望。

说白了，升腾价值就是从产品的功效出发，再引出顾客情感的变化，再引发顾客看到更多的将要获得的好处。

例如，一位医生给感冒患者开了一副感冒药，那么，患者所获得的功效价值是什么呢？当然就是治好感冒。好了，当他的感冒被治好之后，他的心情会不会变得更好？他的精气神会不会变得更佳？他的工作效率会不会得到提升？

这些好处都是因为感冒治好之后所带来的改善，既然能带来一系列的好处，那么，花 30 元买一副感冒药，值不值？心情和精神状态得到改善以及工作效率得到提升，是 30 元能换来的吗？但他自己并没有察觉到这些价值。所以，必须要把这些价值升腾出来，帮助他在购买之前就能清晰明确地认识到。

再如，想说服别人加盟你的事业或者说服别人成为你的分销商，那么，是不是需要阐明合作的好处？合作者想获得的最直接的好处是什么呢？当然是能多赚钱。因为多赚了一笔钱之后，他们还将获得什么样的好处呢？生意规模的扩大、影响力的提升、幸福力的提升……这些都是价值的升腾。

因此，如果想要说服别人跟你合作，可以这么说："×××先生，如果您能在您的十几家店内分销这款产品，即便是在您原有客户不变的情况下，我确信您一年之内也至少可以多赚 200 万元。当多了这一笔额外收入后，您每年就可以多开六家分店（第一次升腾）；当您的生意规模扩大后，品牌影响力势必就会得到进一步的拓展（第二次升腾）；更重要的是，随着您生活条件的富裕，家庭生活势必会变得越来越幸福，包括整个家族也会变得越来越兴旺（第三次升腾）；您在朋友圈子当中，也会变得更受瞩目与尊重（第四次升腾）！"

后面这四次价值的升腾，都是因为合作多赚了一笔钱之后引发出来的。换句话说，只要对方愿意合作，那么，对方将会获得五个层级的价值。所以，对方极有可能会自发地产生觉醒："这样的合作，太值得了。"

大多数人之所以不会塑造价值，是因为原来的思维太"近视"了，只看到了眼前的价值，而忽视了远方的价值；只看到了直接的价值，而忽略了间接的价值。因此，说服合作伙伴也好，说服顾客也好，必须要随时懂得利用升腾价值的思维模式。

又如，一名房地产中介，卖的房子比较有档次，那么，就可以对那些有意买房子的顾客这样讲："拥有这套房子，您不仅自己可以住得很舒适、很温馨、很有格调，还可以用来招待宾客。当宾客看到这套房子之后，一定会对您大加赞赏，他们在羡慕您的同时还巴不得多住几晚呢；而且，三五年之后，我保证，这套房子至少会增值 30%……"

之所以要讲这么一番话，就是为了把这套房子最直接的自我享受价值、间接的情感价值以及未来的升值空间全都升腾出来，而一旦这么升腾之后，顾客就会感到更值得，一旦他们感到更值得，就会想要拥有这套房。

那英语培训机构或学校如何升腾价值？

其实非常简单，根据前面所讲的价值升腾原理，只要按照功效、情感和希望这三个层级一层一层地把对应的价值展示给有意学英语的学生，他们就会认为学英语这件事情值得做。

对于学英语而言，学生最想要获得的好处是什么呢？

当然就是能说一口流利的英语，找个好工作安身立命，也就是我所说的功效价值，或者叫作最直接的价值。

当一个人靠能耐获得一份体面的工作之后，还能满足什么样的需求呢？他的心理需求也会得到满足。所以，他会成为父母的骄傲，活得有尊严，甚至令一些朋友羡慕，这也就是情感价值，或者叫间接价值。

除此之外，还有更高层级的价值吗？

当一个人在英语这个领域日积月累地修炼多年之后，他就有可能用英语实现自己强大的梦想，广获社会各界的认可，这就是他有希望获得的长远价值。

所以，作为一家英语培训机构，要让学生能非常明了地知道，学完英语之后，能获得一份体面的工作，还能成为父母的骄傲，还有可能在将来实现一个伟大的梦想。那么，对学生而言，投资五六千元的学费学英语值不值？答案已是显而易见了。

如果你强调的只是花费五六千元就是跟你学两个月的英语，那就很难打动学生来报名了，因为价值太浅显了嘛。

总结一下，升腾价值的根本方略，就是要从某一个最直接的功效价值开始，一步一步往后推进，看看因为这个功效价值的实现，还能引发出哪些更深层次的情感价值和客户将来可能会实现的更高希望。

值得二：对比

顾客心目中的“值得感”到底是一种什么样的感觉？

说白了，就是今天买这款产品有没有占到便宜，如果没有占到便宜，他就会感觉不值得；如果占到了便宜，他就会感觉很值得。

所谓占到了便宜，具体来讲就是指买家支付的价格小于他所得到的价值，如果顾客只需要支付 4000 元就能买到这款价值 5000 元的产品，他们势必会感觉非常值得。

但是，最关键的问题来了，你凭什么说这款产品的价值是 5000 元呢？如何能让顾客认识到这款产品具有 5000 元的价值呢？根本没办法从产品本身的角度来作考量，除非通过对比。

所谓对比，就是拿这款产品跟与之相关的其他产品进行价值与价格上的比较。如果这款产品跟其他相关的产品都能带给顾客类似的功效或好处，而其他产品的普遍售价是 5000 元，那么，这款产品的价值当然就是 5000 元了。顾客花 4000 元的价格购买 5000 元的价值，当然是物超所值了。

在移动互联网时代，一个优秀的内容营销主编的作用相当于 100 个业务员的作用。换句话说，如果一个普通业务员一个月能开发 10 个潜在顾客，那么，一个优秀的内容主编则可以开发 1000 个潜在顾客。一个老板就算给每个业务员平均每个月只发放 1000 元的底薪，那 100 个业务员的每月底薪也得 10 万元。所以，一个优秀的主编的价值就是 10 万元。那么，支付 5 万元的底薪去聘请一个优秀的内容营销主编，不是昂贵，而是物超所值。

说到此处，我想为你揭开一个至关重要的营销奥秘：任何产品的价值只有通过对比才能被评判出来。

进一步讲，人们心中的“值得感”就是通过对比产生的，顾客对某款产品的价值与价格最鲜明的认知，必须依托于对比的思维意识。

所以说，最能将顾客心中的“值得感”物化下来的实操剑法就是靠对比。下面分享三种行之有效的对比模式来将顾客心中的“值得感”物化下来。

替代对比

替代对比模式主要应用于对新产品的价值评估。当要向市场推出一款新产品时，不知道这款产品的价值是多少，是值 2000 元，还是值 3000 元？

关键问题是，顾客的心目中没有一个直观的价值评判。

所以，也就不确定应该将该产品价格定多少才能让顾客感到物超所值。但是，可以找到跟该款产品同等功效的其他解决方案，而其他解决方案的价格又是顾客普遍熟知的，如此一来，新推出的产品的价值立刻就能等同出来。

简单来说，所谓替代对比，就是拿已知的价值来替代未知的价值。其他解决方案的价值是已知的，我们产品的价值是未知的，但这两者之间又具有等同的功效，所以，理所当然就具有等同的价值。

比如，新开发了一款减肥瘦身产品，不知道定价多少才能让顾客买到“值得感”。但是，我非常了解产品的功效，于是，我告诉顾客：使用我这款产品一个疗程所减掉的脂肪量相当于练瑜伽一个月，相当于连续游泳 15 天。

这时候，顾客自己就会权衡，去健身俱乐部练瑜伽也好，游泳也好，一个月至少得花费1000元的会员费，而且，既劳累又要消耗大量的时间。因此，顾客立刻就能认识到，这款产品单个疗程的价值至少是1000元。如果我定价为800元，在顾客的眼里，就必然是物超所值了。

如果没有使用这种替代对比，定价600元，也有人会觉得贵；当然，如果定价2000元，也会有人埋单，总而言之，顾客对产品没有一个价值的评判标准。

不理解替代对比的定义不要紧，只需要记住，替代对比其实就是“相当于”的意思，也就是要告诉顾客，买你的产品相当于获得了哪些产品的价值，只不过比买其他产品更划算而已，这就是替代对比的核心要义。

例如，要出租挖土机，告诉顾客，如果采用人工的话，5个人干4天的活，使用这台挖土机，一天就能完成。如果每位工人平均每天的工钱是200元的话，5个人干4天需要支付的工钱就是4000元，那么，这台挖土机一天的价值就是4000元。如果开价2000元一天出租给那些房地产建筑公司，值不值得？

iPhone刚推向市场时，为什么敢卖4000元一台呢？换句话说，iPhone怎么就值4000元呢？

因为它告诉你，买一台iPhone，相当于同时买了一台800万像素的数码照相机，一台可以看视频的MP4，一台可以听音乐的MP3，一台可以上网的计算机和一部可以打电话的手机。这些设备加在一起值多少钱？总之，你花4000元肯定买不到。

你本来觉得花 4000 元买一台 iPhone 实在是太贵了，但通过替代对比之后，你就会发现，不仅不贵，而且很值得。

所以，如果要卖的产品属于刚要上市的新品类，那么，要想让消费者一目了然地认识到产品的价值，最好的策略就是拿消费者已熟知的其他解决方案与你的产品进行替代对比，只要把价值一替代，然后把价格一对比，消费者心目中的“值得感”马上就会生成出来。

竞争对比

竞争对比的“值得感”程度就更加强烈了，因为这种模式就是拿你的产品和市场上的同类产品进行相关功能指标以及价格的一一比较，到底是买你的产品更值得，还是买同品类产品更值得，只要让客户看到具体的对比信息，他们马上就一目了然了。

在什么情况下最适合使用竞争对比的手法呢？

当推出的产品属于市场上的新品类时，适合使用替代对比；而如果要卖的产品属于市场上已经非常成熟的品类，这种情况适合使用竞争对比，你卖的是智能手机，别人也在卖智能手机；你卖男士牛仔裤，别人也在卖男士牛仔裤；你卖商品房，别人也在卖商品房，顾客之所以会对你的产品产生首次忠诚度，就是因为他通过对比之后，发现买你的产品是最值得的选择。

如何利用竞争对比把顾客想要的“值得感”表现出来？

最切实的操作手法就是展示一个具有强烈对比意识的图表，

在这个图表当中的对比主体当然就是你的产品和同类产品。对比的要件是什么呢？顾客在买这类产品时最看重的价值指标以及价格数值，就是需要做出具体对比的要件。最终，这个图表所要实现的意图就是让顾客通过对比之后，非常确定一件事——买你的产品最值得。

例如，顾客买香水最在乎什么价值指标呢？

顾客在乎香水研发由来，在乎原料品质，在乎香精含量，在乎外观设计，在乎产品包装，在乎使用安全性，最后在乎的是价格。天猫知名香水品牌冰希黎香水就是把这些指标要件同国际一线品牌及普通香水作了一个完整的对比，如下图所示。

	冰希黎	国际一线品牌	普通香水
香型研发	针对亚洲市场研发，国际调香大师原创作品，历时1年，原版香精受保护，绝无外供，独一无二	国际调香大师历时1~2年原创作品，绝密配方，原版香精受保护，绝无外供	仿冒各大品牌及冰希黎香型，无研发，香气粗糙千篇一律，品质堪忧。
原料品质	天然原料限定产地，专属种植基地，严格控制品质	天然原料限定产地，全球采购，确保最佳品质	多为合成原料，无产地要求，产品品质随香料行业价格波动而参差不齐
加香量	EDP 香精含量15%~20%	EDP 香精含量15%~20%	宣称EDP或EDT，而为达到低价暴利，实际加香量不足5%
香水瓶设计	知名画家，前香港SASA设计总监张文萍女士	国外一流设计师或知名画家	抄袭各大品牌及冰希黎设计，实物质量粗糙
产品包装	进口卡纸。知名画家原创设计，美观大方	进口卡纸。国际大师设计，美观大方	国内普通纸盒，山寨或无设计，外观无档次
安全性	以天然原料为主，安全可靠，严格遵守IFRA规定和国家标准	以天然原料为主，安全可靠，严格遵守IFRA规定	人工合成原料，缺乏配方掌控力，是否遵守相关规定未知，可能含有害物质，存在安全隐患
网络价	网络直营价80~200元	正品500元以上	10~50元

这样的图一旦在产品介绍页面当中展现出来，就会成为顾客选择冰希黎香水的一个重要参考标准。

说一个我在淘宝购物的案例。由于工作需要，2011 年，我在上海新成立的办公室需要一台投影仪，于是，我在淘宝上搜到了一台中等价位的投影仪，只用旺旺问了一句话，问这台投影仪能不能优惠一点。谁知道这个掌柜什么也没说，直接给我发了个表格过来。在这个表格上列举了这款投影仪跟普通投影仪的七八项对比参数，如亮度、对比度、聚集均匀度、图像宽度、噪声、使用寿命等。最后发现，那款投影仪的总体参数评分最高，但价格却是中等价位。

之所以会问掌柜那句话，只不过是希望从掌柜那里得到一个结论：我支付 6000 元买这台投影仪，是不是买得值。而他用表格对比的方式正好回答了我心中想要的结论。

当然，其实还可以将这种销售策略发挥得更加自动化，没有必要通过客服的方式一一回答顾客，只需要直接把那个对比参数表格展现到产品详情页面当中去，这样的销售就更省事了。

对于电商营销和移动互联网营销，提倡一种向着自动化靠近的营销准则，那就是尽可能把你要表达的营销元素都用销售文案的形式体现出来，顾客一目了然，客服也更轻松。互联网带给我们最大的营销便利就是可以使用文案来自动说服顾客购买。

“对比”这个词不仅具有天然的营销价值，而且还具有让人觉醒的人生价值和教育价值。

微博上有这样一个故事：一位少年因为跟妈妈大吵了一架就离家出走了，夜晚四处游荡的他万分饥饿，多次向路人乞求施舍，但一无所得。

随着体力的耗散，他实在走不动了，于是靠着一个面摊站了很久。老板娘喊他坐下，并请他吃了一碗热腾腾的葱花面。这位少年感动得跪下来，老板娘把他扶起来，语重心长地跟他说了一句话："孩子，我只是给你吃了一碗面，你就这么感动，你妈妈每天都给你好吃好喝，你却一点没放在心上！"

听完老板娘的这句话，这位少年愣住了。片刻之后，他一边抹着眼泪，一边朝着回家的路上奔跑。

曾经有个微博大V这样评价这个故事："当索取成了一种习惯，信任和感恩都将被无情地遗忘。"

其实，这还只是就事论事的表面解释，在我看来，根本原因就在于主人公对价值的认知上，具体来说：人们对价值的认知消失于缺少对比，而产生于有了对比。我把这个原理称为"对比价值论"。

由"对比价值论"来看，这个故事至少反映了三重要义。

第一重要义：少年为什么会离家出走?

因为从小到大，他可能一直在妈妈的呵护下，从未受过苦，是一个生活在温室里的孩子。之所以离家出走，是因为他没有感知到妈妈对他的价值。这种价值认知的缺失来自妈妈一如既往对他的抚养和关怀，也就是说，他之前从未拿妈妈和谁比较过。

第二重要义：少年为什么会因为老板娘的举动而感动？

因为他在外面忍受饥饿，切身地感受到了人情的淡泊，没有人施舍他，唯有这位好心的老板娘给了他一碗面，这两者在他的心里形成了明显的对比。因为有了这样明显的对比，所以，他才会感知到老板娘对他的价值，于是，他真的感动了。

第三重要义：少年为什么会回心转意返回家中？

因为老板娘的一番话让他幡然醒悟了：老板娘只是给了他一碗面，而妈妈每天给他好吃好喝，给了他无数碗面。所以，在听到老板娘的一番话之后，他突然间意识到妈妈比老板娘对他的价值更大。

其实，面摊老板娘正是利用了“价值对比论”来教育这位少年的，从而引发了他深深的忏悔。

之所以跟你讲这个故事，其实并不是题外话，只是想让你明白，人们对任何事物的价值感知都是通过对比才得以产生的，不仅仅是产品，还包括人。为什么有的时候你对某个人一味地付出，最后换回的却只是用心良苦的辛酸呢？不是因为你对他没有价值，而是因为你的一味付出导致了对方心中对比意识的缺失，所以他就很难感知到你的价值，如同那位忘记母亲之恩而离家出走的少年。

所以，“对比思维”是一种强有力的说服智慧，要想让某个人重视产品的价值，明智之举就是唤醒对方的对比意识。

自身对比

替代对比和竞争对比都是拿我们的产品跟别的产品进行比较，而自身对比则是拿几款极其相关的产品进行相互比较，目的就是让顾客一眼就能看出，买哪一款产品是最值得的选择。

记住，目的是要重点销售某一款产品，而其他产品的重要作用就在于通过对比来衬托出这款产品的“最佳值得感”，从而促使大多数初次光临的顾客能把这一款产品买回家。只要初次光临的顾客能发生购买行为不就达到第一重目的了吗？

所以，自身对比是一种牵引顾客购买心理的“值得”策略，从具体的操作层面上来看，自身对比策略又分为以下两个分支策略。

➢ 策略一：价值相差不大价格相差很大

如果两款产品在价值上没有很大的差别，那么，大多数顾客马上就会选择那款价格低很多的产品，因为他们感觉选低价更值得。

有一个客户在湖南永州开了一家服装专卖店，主卖女性牛仔裤，代理的品牌知名度不是很大，但牛仔裤的款型和颜色非常好看。店里主营的两款牛仔裤的价格分别为 238 元和 266 元，从表面上看，这两款牛仔裤款型没啥区别，只是颜色有区别而已。

店面的位置相当好，人流量也不小，但生意不是特别好，因为很多光临的顾客都说贵了。怎么提高成交率？该怎么做？把原来定价为 238 元的那款牛仔裤的价格改成了 298 元，同时，把原来定价为 266 元的那款牛仔裤的价格改成了 588 元。

因为这么一个小小的改动，使得专卖店的单日成交量提升了 30%，而且利润还不止 30%，因为 90%的顾客选择的都是那款 298 元的牛仔裤。

为什么提升了价格，顾客反而不觉得贵呢？因为旁边还有一款定价为 588 元的类似款型，所以，顾客的第一感觉会认为买 298 元的那款牛仔裤简直是太值得了。

请你记住一个重要的成交奥秘：顾客不是不愿意花钱，更不是没有钱，他们只是在考量哪一种选择更值得。

因此，只要能在所卖的产品当中找到价值相似的两款产品，然后设置明显的价格差异，如此产生的结果就是：价格低的那款产品就会卖疯。

➢ 策略二：价值相差很大价格相差不大

如果已经理解了第一种策略，再看第二种策略就非常简单了，因为只需要将价值和价格的差异颠倒一下即可。

具体来说，两款产品在价值上的差异很明显，但在价格上却没有明显的差异，这种情况下，大多数顾客会优先选择稍微高价的那一款，因为他们感觉更值得。

例如，你开了一家早餐店，那么，面或粉如何体现价值上的差异呢？

非常简单，最明显的做法就是从分量上作出差异。具体来说，就是分为大碗和小碗，大碗分量是小碗分量的 2 倍。如果你把大碗分量的价格设置成 10 元的话，那么，小碗分量的价格就设置成 8 元，如此一来，至少会有 90%以上的男士食客会选择大碗分量。

如果经常去吃肯德基，难免会点上一杯可乐。还记得肯德基的可乐分量是多少吗？

小杯 200mL、中杯 400mL、大杯 700mL。而这三种分量可乐的价格分别为 6.5 元、8 元、9.5 元，你通常会选择哪种分量的可乐？事实证明，超过一半以上的顾客都会选择中杯，因为大杯可能喝不完，但中杯比小杯更值得，一杯中杯与两杯小杯的分量等同，但两杯小杯的价钱需要 13 元，而一杯中杯的价钱只需要 8 元，对顾客而言，买中杯当然是明智之举。

曾经有一个卖玩具的商店，销售的某款玩具价格为 70 元，但销售情况不是很理想。后来又引进了一批同等品质的大玩具，大玩具的形状大小是小玩具的 2 倍左右，价格为 130 元，但销售情况还是不太理想。后来有人想了一个方法，把原来那批小玩具的价格由之前的 70 元改成了 110 元，结果就是，大玩具卖疯了。

为什么会出现这样的结果？

还是因为使用了自身对比的策略：在价值相差很大，而价格相差不大的情况下，大多数顾客都会选择稍微高价的那款产品，因为顾客会因为发现了“值得”而作出购买决策！

值得三：附加

对于使用“满足值得”这个步骤来讲，附加策略是最简单、最直观的一种成交方法，无论现在卖的是什么产品，都能马上拿来使用，而且其效果立竿见影。

因为，附加就是在顾客本应该获得的价值基础之上，再附送给他更多的价值。换句话说，顾客花费原本的价格还能获得额外附送的其他价值，试问芸芸众生，有谁能抗拒如此显而易见的“值得感”？

附加值是任何一次交易价值的重要组成部分，是隐形存在的，但大部分企业都没有意识到。只要学会在每一次交易当中都善于使用附加值策略，那么，无论是在做实体店铺销售，还是在做电商销售，销售成交率都势必会提升一个台阶，少则提升几个百分点，多则翻倍。即便是产品价格高于同行价格，产品也会变得比以前更好卖，因为附加值本身就是一个合情合理的购买理由。

而且，附加值策略不仅仅可以在销售上胜过同行，还可以摆脱上游供应商的束缚。

前段时间，有一个服装品牌的经销商在我的私人微信上咨询我，他说：“周老师，我的上游供货商已经在天猫上开了品牌旗舰店，而且同款产品的价格比我们实体经销商卖得还要便宜，我怎么才能摆脱这种困境呢？”

事实上，在电商时代和移动电商时代，品牌商与经销商的这种矛盾已经越来越常见。从总体运营上来看，还是品牌总部不懂得如何来架构电商时代的商业模式而导致的。如果经销商一定要摆脱上游品牌商的营销束缚，从短期来看，应该怎么办？

站在经销商的角度来看，使用的是别人的品牌，卖的也是别人的产品，而又希望渠道当中的顾客继续向你购买。那么，最简单有效的办法就是采用附加值策略，因为提供了附加值，消费者所获得的价值就不仅仅是品牌商所提供的产品价值了。

如何提供附加价值呢？

下面，将从三个价值维度提供相应的附加值策略及实操方法。

附加有形价值

有形价值，其实就是指实物产品。所以，这里所说的附加有形价值，就是额外赠送一些实物产品给想要购买的顾客，用以增加有形的价值筹码。用最简单易懂的话来说，就是为要销售的产品设置赠品。

一提到赠品营销方式，相信很多人都听说过，也有一部人尝试过，但问题是，大多数人都因为不懂得设置赠品，从而导致其营销效果并没有想象中那般美好。所以，设置赠品也是大有讲究的，不能想赠送什么就赠送什么，更不能想怎么赠送就怎么赠送。

关于如何设置赠品，这里给你三条至关重要的实效方针，只要按照这三条方针来实施，赠品营销才能真正提升成交率。

第一条：赠品必须与主打产品相关。

何谓相关？

意思就是，对顾客的使用价值而言，赠品对主打产品能带来相辅相成的作用。

例如，卖西装送衬衫，卖西裤送皮带，卖智能手机送充电器，卖笔记本电脑送一个无线鼠标，这就是靠谱的赠送方针，因为赠送的产品对主打产品的使用价值具有辅助作用。

又如，卖金属打火机送燃油，这就是一个强有力的赠品主张。我现在使用的 ZIPPO 打火机已经跟我三年之久了。当初我去上海南京路想买一款 ZIPPO 打火机，唯独南京路步行街的那家专卖店提出了“买 ZIPPO 打火机送燃油一罐”的赠品方针，于是，我果断地在那家店支付 288 元购买了一款 ZIPPO 打火机。

实际上，另外两家店的零售价即使加上一罐燃油的总价也达不到 288 元。从结论上来看，我其实是买贵了。但我在乎的不是价格，而是人情味和“值得感”，所获得的是心理价值的满足。

赠品的意义其实就是体现了一种人情味和值得感，这种人情味和值得感来自于与主打产品相辅相成的匹配价值。

所以，如果设置的赠品与主打产品的使用价值八竿子打不着的话，那就对顾客没有购买感召力了。

第二条：赠品必须满足高价值和低成本的特点。

无论是付费的购买方式，还是免费的获赠方式，顾客想要获得的总归是对自己有价值的产品。一旦提到了赠品，顾客马上就会把关注点转移到赠品上来，因为那是出乎他们意料之外的惊喜。于是，他们的心里一边在期盼，一边在思考："赠送的东西对我有什么用处？"因此，赠品所承载的价值越大，人们的心动程度就越强烈。

所以，千万不要把那些过时的、废弃的、卖不掉的东西赠送给顾客，否则，顾客很快就会把你看成是一位道貌岸然的奸商，因为你其实是在打着赠品的幌子处理次品。如此一来，你损失的是最宝贵的商誉和品格，这叫聪明反被聪明误。

记住，赠品的作用是为了让顾客买得更值得，有"值"才会有"得"，也就是说，没有价值，人们就不愿意获得，假如想把废品赠送出去，还不如不送。

另外，赠品为什么要满足低成本的特性呢？

因为成本高了送不起。总不能说顾客买一件衬衫送他一套西装吧。总不能说顾客买一辆车送他一套房子吧……

由此一来，就能进一步地明白，所设置的赠品必须是能匹配主打产品的高价值产品。同时，赠品的成本一定要小于主打产品的利润，只有这样，才送得有底气。

例如，卖的是运动鞋，送什么最合适呢？

人们在使用运动鞋的过程当中，会出现什么问题？会发热，会出汗，会出现臭味……所以，卖给顾客一双运动鞋就送他两双防臭袜，那就恰如其分了。

一双运动鞋的普遍售价二三百元，利润也有几十元，而一双防臭袜的成本不过是几元钱，但其匹配价值却很大。

再如，卖奶粉送什么最合适?

妈妈给孩子吃奶粉，无非就是为了宝宝的营养和健康，所以，卖奶粉送婴儿营养杂志、健康手册或者婴儿抚育方面的书，那就非常贴切了。而且，在送的杂志或手册当中，还可以植入有关婴儿类的其他产品销售广告，可谓是一举两得。

第三条：赠品数量控制在 1 ~ 3 个比较合适。

很多商家一想到要做赠品营销，就巴不得一次性送十几款赠品给顾客，那种排山倒海之势“压”得顾客都快喘不过气来。这绝对不是一种明智的做法，因为极有可能得到吃力不讨好的“回报”。

原因一：送了那么多赠品，顾客都能记住吗?顾客都能用得上吗?这岂不是在浪费资源?

原因二：送了那么多赠品，能保证每一款赠品的品质吗?能保证顾客对每一款赠品的满意度吗?

这其实是一个概率问题，赠品越多，就越难保证每一款赠品的品质和顾客满意度。而一旦顾客对其中某一款赠品的使用效果不满意，他们就会发出抱怨的情绪进而产生不良的口碑，正所谓好事不出门，坏事传千里。

原因三：送了那么多赠品，顾客会不会怀疑其价值?

在相对稳定的交易价格之下，赠品越多，顾客往往会怀疑你的主打产品和赠品都不会有太大的价值，否则，怎么可能舍得送这么多呢？顾客从来不相信商家不赚钱这种说法，除非那些赠品不值钱。

所以，送 1 ~ 3 款靠谱的赠品，是为了让顾客体味到一种人情感和值得感，多了就过犹不及了。

总结一下关于附加有形价值的三条实施方针。

第一条：赠品必须与主打产品相关。

第二条：赠品必须满足高价值和低成本的特点。

第三条：赠品数量控制在 1 ~ 3 个比较合适。

附加无形价值

对于同一类产品的销售而言，为什么大多数营销人只能在残酷的市场上肉搏价格战，而一小部分营销高手却能远离价格战的红海，笑看风云赚取不菲的利润？

核心差别就在于是否懂得无形价值的使用。

无形价值虽然看起来没有实物成本，却可以带给顾客非同凡响的值得感，甚至还可以让一个普通的产品迅速卖上高价。

附加无形价值可以是附加一项服务。

为什么 2000 元一份的青岛大虾会引起旅客的强烈不满，甚至还触发了全国人民的同仇敌忾？因为大家都认为这太不值得了。

怎么把这盘虾卖到 2000 元，又能安抚顾客的不满情绪呢？

可以这么告诉食客，花 2000 元吃这盘虾，赠送四个晚上的五星级酒店住宿服务，如此，就不会有人抱怨了。因为仅这一项高端住宿服务的价值就不止 2000 元了。

有一位大学毕业生出版了一本关于如何炒股的书籍，三年内卖了 8 万册，而且每本书的售价高达 100 元。仅通过卖书，这位大学生就赚取了人生的第一桶金。

为什么这本书能以不菲的价格卖出数万册？因为作者附加了一项服务：每星期为读者推荐两支股票。

附加一项服务，不仅可以将原来的产品卖上高价，同时还能大大地提高成交率。所以，何乐而不为？而且，这种附加值策略实施起来也非常简单，多数能轻松做到。

例如，开一家干洗店，如何来增加价值筹码，从而让顾客更愿意把衣服交给你来洗呢？

最简单的策略就是提供一项“上门取衣送衣”的服务，而且这项服务本身就能成为干洗店的优势竞争力，还可以明确地推出一条独特的宣传语：× × 区唯一一家提供上门取衣送衣的干洗店。

又如，卖家具的经销商或零售商能提供什么服务呢？

关键看顾客买了家具之后，还需要做什么，很显然，还需要托运，还需要安装。如果这些事情由你们来负责，顾客就更省事更放心了。

因此，可以明确地提出一条销售主张：24 小时送货上门包安装。一旦提出了这样的销售主张，就一定要在店铺内外、网站上以及广告上彰显出来。

再如，销售汽车的经销商能附加什么样的服务呢？

就告诉顾客，在这里买车，包免费清洗一年，因为这一项服务一定是所有车主都需要的。你可能会说，我只是在卖车，并没有开设洗车业务，那怎么办呢？找专业的4S洗车店合作。

凡是买了车的顾客，就送他一张专属的洗车卡，凭借这张洗车卡，就可以到那些跟你合作的洗车店网点免费洗车。

一旦提出了“包免费清洗一年”这种售后服务，你会发现，不仅赚到了人气，还赚到了不菲的利润。因为平均每位车主一年内在洗车上面的消费额不会超过1000元（我自己一年的洗车费也就几百元），而一台车的利润何止是几千元？更关键的是，顾客心中的“值得感”和“满意度”会因此油然而生。

有一个客户在湖南岳阳开了一家美容美发店，随着充值人数和充值金额的增长，遇到了一个问题，就是消费频率不是很高，充值会员的平均消费频率只能达到每月一次。

为改变现状，该店采取一个新措施，那就是充值 3000 元以上的金卡会员，从今以后来店做美容，一律由老板亲自开宝马车接送。

设身处地地想想，一位想要美容的女性顾客只要打一个电话，就能让美容店的老板亲自开宝马车到楼下来接她去做美容，她会有什么感觉？最起码会产生两种优越感。

第一种优越感，称为吩咐他人式的特权感。很多人都非常希望自己能享受那种高高在上地吩咐别人的权力，更何况，这些顾客吩咐的是美容店的老板，这种优越感就更是上上等了。

第二种优越感，称为养尊处优式的虚荣感。绝大多数女性顾客每当在享受宝马车接送的待遇时，就会感觉特别有面子，仿佛过上了贵太太似的优等生活。这种生活场景一旦被街坊邻居或其他路人看见，她们的脸上就会洋溢出显而易见的虚荣感。正如鲁迅先生所说的一样，面子是中国人的精神纲领。

采用这一策略之后，这家美容店的生意前后发生了什么改善呢？

之前一次性充值3000元的金卡会员，每消费一次的价格是300元，平均一个月来一次，加上赠送的两次，需要消费一年才能花掉3000元的充值费。后来，平均每个月要来做两次美容，换句话说，消费频率提升了一倍，如此导致的结果就是，那些老顾客每年的消费金额从3000元提升到了6000元。

其实还不仅仅是老顾客的消费频率翻了一倍，而且，还陆续推动很多新顾客和普通会员也变成了金卡会员，因为这项优越的服务只针对金卡会员。

这家美容店的业绩之所以能快速翻倍，只不过是因为附加一项“老板亲自开宝马车接送”的服务。事实证明，这项附加服务很有价值。

所以，只要针对要卖的产品，看顾客在使用的过程当中，还需要或者渴望什么服务，然后，把这些服务附加到产品上，这些服务本身就能成为一种强有力的销售主张，将会在顾客的心目中提升产品的价值分量。

附加无形价值还可以是附加某种特定的情感价值。

卖玉如何附加情感价值？

在每块玉上雕刻上顾客的名字，顾客就会更加看重这块玉了，换句话说，这块玉在他的心里势必就会更有价值分量。但是你要先征求别人的意见，明确告诉他。假如说这块玉的价格是1000元，你说可以把他的名字刻上去，甚至把他的恋人或爱人的名字也一起刻上去，价格1500元，是否可以接受？一定会有很多顾客愿意接受。

再如，生日蛋糕如何附加情感价值？

在蛋糕上以顾客的名字作为主体，写一条祝福语，这块蛋糕就更值钱了，谁愿意抗拒别人专程写给自己的祝福语呢？

假如生日蛋糕值60元，如果在蛋糕上面写上："1021祝×××生日快乐"一行字，那在顾客心中就更有价值分量了，卖给顾客120元没问题。

那么，苹果如何附加情感价值呢？

如果是在圣诞节，在苹果上面用非常简单的笔墨画上一个灿烂的笑脸，给顾客的感觉就不一样了，人们的心情都会突然间变得更好。

附加无形价值还可以是附加一个传奇的故事。

为什么常常会听到"故事情节"这个词语？你发现，你极少单独听到"情节"这个词，那就是因为只有故事才能把人们心中的情感淋漓尽致地表露出来，于是就导致我们乐衷于听故事，而且还愿意为了传播故事而津津乐道。

人们会因为听到美好的故事而为此产生向往之情，也会因为听到凄凉的故事而为此产生同情。进一步讲，人们愿意消费有故事的产品。

但凡会营销的旅游胜地都非常懂得卖故事，杭州西湖因为附加了白娘子与许仙的传奇爱情故事而闻名中外，如果说杭州西湖仅仅是一个湖泊，那就没多少人愿意去了；雷峰塔也因为有了白素贞被法海镇压的凄凉故事而颇受游客关注，如果说雷峰塔仅仅是一座塔，人们的兴趣就会大打折扣。

华山因为有了“华山论剑”的武侠故事而显得熠熠生辉。华山的南天门外还有一个景点名叫“思过崖”，那里只是悬崖和山洞吗？不是，那是令狐冲面壁思过的地方，那里承载了大师兄令狐冲与小师妹岳灵珊一起修炼冲灵剑法的愉悦时光和点滴故事。

其实，思过崖只是金庸先生妙笔勾勒出来的一处虚构之地，但是后来华山为了发展旅游事业，思过崖才被创造出来。所以说，思过崖是先有故事再有产品，换句话说，思过崖就是因为附加了一则虚构的武侠故事，从而得以吸引大量的游客前来观光。

可以肯定的是，去思过崖观光的游客当中有很大一部分都是金庸先生的读者或者是电视剧观众。

如果说思过崖只是一个三面悬崖一面山壁的荒芜之地，那就没有多少人会向往了。所以“崖”不重要，“思过”两个字很重要，这里面承载了故事情节。

不仅仅是旅游胜地可以有故事，很多产品都可以有故事，白沙烟这个品牌就是因为白沙古井的传奇故事而来。你可能会好奇，白沙烟的烟盒上为什么会画上几只白鹤呢？

传说当年就是因为一只白鹤和一位名叫白沙的姑娘联手与邪恶势力抗争之后才得以保护好一口古井，从而造福了长沙南门城外的一方水土和一方人，后来的白沙古井和白沙烟都是因此而得名。包括白沙烟的广告词——“鹤舞白沙，我心飞翔”，同样也是源自这个传奇的故事。

老字号品牌全聚德，一开始也不叫全聚德，而叫德聚全。清朝同治年间，德聚全本来是一家濒临破产的干果铺子，后来被一位做家禽生意的商人杨全仁先生给买下来了，但因为这家店铺生意非常不景气，杨全仁先生便将其改成了“全聚德”，意为全心全意聚拢德行，这也正好反映了一位正经商人的重要品格，做生意要讲究德行。

正因为创始人杨全仁先生秉承着这种正直的商业品格以及对产品品质一丝不苟的精神，全聚德的生意开始蒸蒸日上，全聚德这个品牌也有了源远流长的商业基因，最终成了名副其实的百年老字号。

附加故事可以是附加一个传奇的由来故事，也可以是附加某个品牌的创始故事。如果能为产品附加一个故事，让产品成为故事的主角，让相关人物围绕这个主角展开一个故事情节，那么，产品和品牌价值就会获得成倍的提升。

需要重点强调的是，把一款普通产品迅速卖上高价的撒手锏秘诀就是附加无形价值，从今以后，就会发现，凡是那些能卖上高价的产品，不是因为产品本身真的有多么玄妙，只不过是因为附加了某一种或者某几种无形价值。学会使用附加服务、附加情感价值以及附加故事这三种附加无形价值的操作手法，你也能打造高价值，卖出高价格。

附加希望价值

附加希望价值是什么意思呢?

附加值有可能得到，也可能得不到，总结一句话就是，告诉消费者，他们有希望得到。

所谓希望，其实就是一种不确定性。

我可以更加深入地破解人性的奥秘：人们之所以愿意去做一件事情，这背后有两股重要的力量在驱动，一种是确定性，另一种是不确定性。

两种力量只有同时存在，才能发挥一个人的最大潜力，确定性是基础，不确定性是升腾。要想让员工努力工作，必须同时利用确定性与不确定性这两股力量。

例如，给员工设置固定的底薪，这叫确定性，这是为了满足员工的安稳感。同时，还必须按效益成果来设置相应的报酬，谁的成果好，谁就能获得更高的报酬，这就是在激发员工身上的那种不确定性的力量。

人性的核心体现，就是愿意为了不确定性结果而行动，如果一件事的结果已经定死了，人们就再也没有多大的动力和激情去为这件事情而努力了。

就好像一个男生去追求一个女孩一样，如果他明明知道这位女生已经同意了他的追求，或者他已经被这位女生斩钉截铁地拒绝了，那么，这位男生去追求这位女生的行动力就会立刻下降，甚至降到“零度”。

所以，女孩子在面对男生的追求时，最好不要过早坦露心声，也不要过早答应，因为男生追求女孩的最大行动力就来自他有希望追到。

再如，看球赛也是一样，一场比赛对观众最大的吸引力就来自比赛结果的不确定性，到底是英国队会赢？是巴西队会赢？还是法国队会赢？如果比赛双方的实力相差悬殊，观众在观看之前，就已经知道结果了，那还会有人买票去看比赛吗？即便是免费，观众也懒得看。

举办方要想策划一场成功的比赛，首先就要寻找到旗鼓相当的比赛对手，如此而为，才能在比赛之前，唤起观众对这场比赛精彩程度的希望。

销售产品也是一样，消费者肯定希望能获得某种额外的价值，这样一来，购买行为就会更有奔头。

那么，到底如何来附加希望价值呢？

要想把附加希望价值这件事情物化下来，核心的操作路径就是设置中奖！

但凡懂得设置中奖的商家，或者说设置了中奖的产品，其成交率必然会比同等条件下的同类产品要高很多，因为“中奖”这个营销路径从前往后拉动了人性的三大核心力量：购买前的希望，中奖后的惊喜，告诉朋友时的得瑟。

具体来说，一位顾客之所以想要去购买某一款设置了中奖的产品，至少有一部分欲望因素是冲着中奖去的，因为他希望自己能中奖。真的中奖之后，一定会感慨，这种好事居然也砸到了他的头上，怎么能不惊喜呢？于是，他就极有可能会把中奖的这件事情告诉他的朋友，因为他想要在别人面前证明自己是一个好运的人。

其实，中奖所引发的连锁效应，还没有结束。当一个已经中奖的顾客把中奖这件事情告诉了朋友之后，他的朋友是不是也获知了这款附加了中奖的产品信息？于是，他的朋友只要对这一类产品有需求，那么，下次就会优先考虑购买这一款产品，因为大家都希望中奖，如此，就形成了自动转介绍循环。

设置中奖不仅提高了产品的成交率，而且还拉动了更多的客流，可谓是一举两得。

当然，设置中奖这件事情并不是随意而为，这里面还有学问。要想发挥出最好的营销效应，还要遵循以下三大原则。

原则一：设置较大的中奖概率。

设置并宣布了中奖措施之后，就要尽可能让一部分消费者真能中奖，所以，设置的中奖概率不能太低。如果每 1000 人当中只有一人能中奖，或者说，每 1000 件产品当中只有一件能中奖，那么，绝大多数人的希望就会落空。而且，极有可能会遭到吐槽，如此，就会导致被消费者抛弃的后果。

什么样的中奖概率最合适呢?

答案是将中奖概率设置在 1/3 左右比较合适，也就是说，在每三件同款产品当中，要把一件设置成中奖，这是最明智的操作措施，如此就保证了平均每三个消费者当中，会有一人中奖；或者说，对同一个消费者而言，他每买三件产品，就能获得一次中奖。

如果你想打破沙锅问到底的话，你可能很想问我，周老师，为什么会是 1/3 呢?

这是心理学与行为学的奥秘，因为绝大多数人在为一个希望而产生行动时，行动次数一般都能坚持三次。如果三次过后，希望还是没有实现的话，他们很有可能会就此放弃。为什么常说事不过三？因为这就是常人的行动惯性。

原则二：设置金字塔式的中奖模型。

一提到金字塔模型，大家都很清楚，也就是个等级问题。对于金字塔式的中奖模型，这里就包含了两个等级，一个是价值等级，另一个是数量等级。

具体来说，如果从最低等级向最高等级来分配奖品的话，分别对应的奖品价值量要由小到大，同时，其奖品数量要由多到少。

如果设置 10000 件价值 4 元的三等奖，500 件价值 40 元的二等奖，20 件价值 3000 元的一等奖，这就是一个符合金字塔式的中奖模型。如此来设计奖品的数量等级和价值等级，就会不断拉升顾客的中奖欲望和消费行动力。

以雪花啤酒的奖项设计为例，三等奖就是再来一瓶同款雪花啤酒，二等奖就是获赠一箱同款雪花啤酒，一等奖是重磅级炸弹——iPhone 手机一部。

一位消费者买了几瓶雪花啤酒，假如说中了一瓶，他就想下次再继续喝雪花啤酒，而且消费频率也会提升，因为他肯定希望中一箱啤酒，更希望中一部 iPhone 手机。

记住，奖品价值的拉升会导致消费欲望的拉升，消费欲望的拉升会导致顾客行动力的拉升。

因此，为产品设置奖项的时候，一定要设置大量的三等奖，1/3 的比率最合适；要有少部分的二等奖，更关键的是，还要有极少数的重磅级奖品，因为可以拿这个大筹码作为中奖广告语吸引广大顾客购买产品，比如说：喝金罐加多宝，中 iPhone 6；喝老村长酒，中水星家纺蚕丝被；吃 × × 牌槟榔，中芙蓉王香烟……

原则三：设置持久的中奖时长。

一旦开始实施中奖政策，就要尽可能长时间地将这个政策推行下去，不能让它昙花一现。只要消费者得知产品附加了中奖信息，至少有一部分购买欲望来自希望自己中奖。如果突然截止，很多消费者就会感到若有所失，停止购买产品也就在情理之中了。

一个人对任何东西（包括希望），从没有到拥有，他会很开心；

从拥有到失去，他就会很失望，这是亘古不变的人性。要么就从未拥有过，也就不存在失望。

所以，要让顾客长久地拥有中奖的希望，只要能设置好合理的中奖比率和中奖回报，就能获得一定程度的利润，而只要能持续获得正向利润，就可以将中奖的政策延续下去。

到此为止，已经讲完了关于如何满足用户心中值得感的三大剑法：升腾、对比和附加。升腾剑法告诉我们，可以从原始价值点出发，进一步挖掘出更多的后续价值；对比剑法告诉我们，在顾客的认知当中，任何一款产品的价值量大小都是通过与其他事物进行对比之后才得以评估出来的，到底买哪款产品更值得，一对比就能见分晓；附加剑法告诉我们，可以为任何一款产品找到一种或多种让顾客喜欢的附加价值，只要把这些附加价值附加到原来的产品上面，顾客就会收获显而易见的值得感。

第6步 销售就是要锁定成交

促成行动

无论做销售也好，还是做成交也好，最终的目的是什么？

很显然，目的必须是让顾客采取行动！

事实上，开展任何商业活动的最终目的就是让人采取行动，如果没有实现行动环节，所做的很多事情都将前功尽弃。

千万不要以为当你把所有事情都交代清楚了之后，消费者就一定会自发地产生某种行动，那是唯心的想法。绝大多数人永远不会有足够强烈的主观能动性，消费者在作出购买决策之前是纠结的，是懒散的，是模糊不清的，他们不会那么主动。因此，要想让消费者产生某种购买行动，是需要商家来促成的。

为什么很多人在做销售时不遗余力地铺垫了一系列强大的卖点和深厚的信任度，最后却发现其销售成果依然没有想象中那么理想？那就是因为他们没有在最后的成交环节当中促成顾客采取行动。九九八十一难还有最后一难没有攻克，成交还有最后一个步骤没有完成。

判断每一则产品广告是否会产生成效，判断每一篇销售文案是否会产生成果，判断每一番沟通谈判是否会产生结果，要牢牢地盯住最后一个重要的成交环节——有没有促成对方的行动。

所以，无须再用过多的笔墨来阐述促成行动的重要性，只需要学会如何促成顾客采取行动。

行动一：方案

什么叫作方案？

最直接的理解，就是给消费者一个行动上的选择，促使消费者去选一个。最后，不管消费者选择了哪一种方案，总之，他已经通过行动来响应你了。如果你没有给出选择，消费者就会很被动。

这就好比有人问你问题，如果他问的问题让你感觉比较陌生，不知道从哪里切入，那么，很多时候你根本懒得去搭理对方，或者直接以敷衍的口气扔给对方一句话："我不知道。"但如果对方改变策略，给你几个选择，这时候，你就会比较乐意去回应，因为你有了参照方案。

为什么在学生时代大都喜欢做选择题？因为这类题目给了候选答案。也就是说，对于这种方式的题目，你很容易去响应它，这是一种固有的心理程式。

一旦碰到填空题，只要觉得不太容易得出结果，填都懒得去填，因为根本不知道如何去着手，不知道如何去响应。

所以，阻碍人们产生行动的第一道心理阀门，就是人们不知道通过哪种方案来作出响应。

设置购买方案的目的，就是让顾客自愿作出某一种购买选择，因此，购买方案必须包含两重要领。第一重要领：必须给顾客几种购买选择。第二重要领：必须明示每一种购买选择给顾客带来的回报以及应当为此付出的代价，这样就会驱使顾客自己来考量出一种最适合他的选择。

以卖水果的掌柜们为例，至少可以在市场上看到三类掌柜。

第一类掌柜会对顾客说："今天的水果特别新鲜，您要不要称一斤？"在我看来，这类掌柜的销售技术根本还没入门，因为还没有一丁点的方案思维。如此就会导致顾客购买水果的可能性顶多只有 50%，要么是买，要么是不买。这个结局完全是由掌柜问出来的，怨不得顾客。

第二类掌柜会对顾客说："今天的水果特别新鲜，您是要称一斤，还是称三斤？"很显然，这种掌柜比前面那种掌柜的销售技术要高了一个档次，因为他至少给了顾客两种购买选择，但他仅仅只是给了购买选择，并没有给出每种选择的考量倾向，顾客找不到称一斤还是称三斤的理由。因此，这一类掌柜也依然没有给出一个成熟的方案。

第三类掌柜会对顾客说："今天的水果特别新鲜，刚从陕西黄土地运过来的，称一斤六块五，称三斤打九折，称五斤送一斤。大美女，您是要称三斤还是称五斤呢？”

这一类掌柜直接绕过了称不称的问题，而且连一斤都不提了，更重要的是，他给出了称三斤和称五斤的价格优惠和赠送优惠。如此一来，顾客马上就能明白选择哪一种方案最划算，自然就会根据家里人对水果的消耗量和消耗速度来作出一个明智的购买考量。

方案的作用如同导火线，用来引燃顾客的行动之火。如果你懂得设置成交方案的话，顾客思考的侧重点已经不再是要不要响应你，而是应该去响应哪一种选择。如果不懂得设置成交方案，顾客就极有可能处于被动状态，换句话说，顾客的购买行为就很难被启动。

下面，将分享三种被实践证明行之有效的成交方案，一旦在销售程序当中至少使用其中的一种方案，就能轻而易举地打开顾客的购买决策。

方案一：按购买量值设置优惠方案

所谓购买量值，就是指消费者购买此类产品的数量，比如消费件数、消费重量数、消费次数，这些数量单位都叫购买量值。因此，这种方案主要适合于消费品的销售。

优惠又是什么意思呢？

要么是给顾客赠送优惠，要么是给顾客价格优惠。因此，按购买量值设置优惠方案，也就是告诉顾客，买得越多就会获得越多的优惠，这是理所当然的交易之道。

例如，前面提到的卖水果的优惠方案：称一斤六块五，称三斤打九折，称五斤送一斤，这就是典型的按购买量值设置的优惠方案，这种购买量值就体现在消费重量上面。

再如，卖袜子如何来设置成交方案呢?

可以在实体店铺门口树立一块牌子，上面写上一段干脆利索的销售文案："正品品质保证，买 5 双送 1 双，买 10 双送 3 双，3 个月之内穿破了换新的。"如果能制定这样的成交方案，确保袜子一定会卖疯，前提是袜子的确很耐穿，至少能保证 3 个月的耐穿寿命。这就是按消费数量设置的优惠方案。

纹疏堂在成都做老年人养生事业，其主要业务形态就是销售养生推拿服务，这项服务的价格一开始是 50 元一次，每次一小时，业绩一直不太乐观，因为很难形成重复消费。后来，帮他改变了销售方案，也就是增加了 680 元的月卡，1200 元的季度卡，3000 元的年卡。理论上来讲，在顾客购买的时间范围之内，随时可以来享受养生服务（但实际上，顾客不可能每天都来），如此一来，顾客就感受到了非常明显的消费优惠，这就是按消费次数设置的优惠方案。

所以，如果经营的是消费品生意，那么就可以按购买量值为顾客设置相应的优惠方案，核心操作思想就是一次性买多少产品赠送合理的数量值或者是给予多少价格优惠。

方案二：按消费金额设置优惠方案

根据顾客的消费金额大小来给予合理的赠送优惠或价格优惠，也就是告诉顾客，消费越多，所获得的优惠就会越多，其实就是在鼓励顾客产生更多的消费。

中国移动经常做这样的充值促销活动：充 5000 元送 iPhone 合约机一部，充 3000 元送海尔冰箱一台，充 1000 元送 500 元的加油卡一张。

无数商务人士都抵抗不住这样的诱惑，因为按照这样的消费方案，几乎等于白送话费。于是，他们很轻易地就选择了其中的某一个方案。

再如，常常会在天猫、京东上看到“满多少金额包邮”这样的优惠方案，从原理上讲，这种方案也是在一定程度上给予了价格优惠，因为这就相当于把邮费赠送给了顾客，或多或少也会对成交有一定的吸引力与驱使力。

事实上，按消费金额设置优惠方案，原本就具有一种强大的营销势能，这种营销势能表现在：既能通过提升产品或服务的价值层级来提高客单价，又能化解顾客对高单价的抵触，还能进行消费融资。

一个顾客在成都锦江区开了一家理发店，装修豪华别致，而且附近的中产阶级市民比较多，理发店的原本定价是洗发 28 元，理发 49 元。

我问老板为什么要这么定价，他说行情就是这样，附近其他理发店差不多都是三五十元，我说那你的优势是什么？他说他聘请的全部是专业级理发师，技术相当精湛。

然后，我建议老板在门前竖立一块大牌子，上面写着醒目的四行大字：第一行，一流的发型师，一流的设计，一流的服务品质；第二行：洗发 48 元，剪发 98 元；第三行：一次性充值 200 元打 6 折；第四行：一次性充值 500 元打 5 折，并免除第一次洗头费用。

第一行文字的作用是什么？就是为了展示服务优势以及拉升价值高度。因为有了非一般的优势和价值输出，第二行所制定的高单价就有了依据和支撑点，绝大多数顾客都能理解“价值决定价格”这种理所当然的消费逻辑。

但是，理解归理解，顾客却不一定能接受这种价格，愿意花费 98 元来理一次头发的顾客毕竟是少数人，所以，第三行和第四行的文案正是为了化解这种价格障碍。

你想想，后面这个 6 折、5 折，会给人什么感觉？实在是太让人纠心了，简直就是折磨人。因为打折的跨度比较大，原本理一次头发，需要付 98 元，如果是打 5 折的话，相当于优惠了一半；即使是打 6 折，也获得了显著的优惠。结果是，60%的顾客选择了一次性充值 200 元，30%的顾客选择了一次性充值 500 元。

经过改进的一个月之后，月营业额提高了 35%，这就是按消费金额设置优惠方案之后所带来的改善——既能提高客单价，又能让顾客感觉占了便宜，而且还能锁定顾客的后续消费。

方案三：按产品档次设置价格方案

这种方案到底能产生多大的成交作用力呢？

可以这么说，只要懂得按产品档次来设置价格方案，就能激活一个非常重要的购物心理——比较心理，这种比较心理能轻而易举地推动绝大多数顾客产生某种购买决策。

具体来说，当把产品或服务设置了不同的档次和不同的价格时，不同的顾客就会根据不同的考量来作出不同的购买决策。有些顾客会基于自身经济条件来选择低一点的档次，有些顾客会基于对品质的自我追求来选择稍微高一点的档次，有些顾客会基于对身份感的自我看重来选择更高的档次。

因为有了不同的档次和价格，所以，顾客就有了不同的比较；因为有了不同的比较，所以，顾客就有了不同的考量；因为有了不同的考量，所以，顾客就能轻松地作出不同的购买决策。最终，顾客总归是要作出一种响应。

为什么航空公司要设置头等舱和经济舱这两种档次的舱位？如果纯粹是为了完成交通的便利，全部设置成统一的舱位不照样可以输送旅客吗？

原因就在于，它需要推动不同身份的人和不同经济状况的人作出相应的选择。要想实惠一点就坐经济舱，要想更舒适更有身份感，那就坐头等舱。总之，航空公司总能想方设法帮助你找到不同的消费方案。

为什么演唱会门票要分为不同的价格来出售？因为不同的价格预示着不同的档次，如前排1280元，中排880元，后排380元。很显然，每一种档次的座位号都会吸引不同的观众产生行动，有人为了节俭，有人为了更加零距离的享受。总之，各个阶层都会为自己的购买决策找到理由。

设想一下，假如演唱会门票不再设置档次，会产生什么后果？

例如，××歌手演唱会门票统一售价980元，按照先来后到的顺序出售，这绝不仅会导致价值与价格不合理的口碑产生，而且会对粉丝们造成一个更加纠结的购买决策难点，一定有不少观众会这么想："980元，说贵也不算太贵，说不贵也不算太便宜，我到底是去看还是不去看呢？看看时间安排吧。"

因此，当演唱会门票没有设置档次时，消费者的想法就是到底要不要去看的问题；而如果设置了档次的话，那么，去不去看的问题就会被大大地转移，取而代之的是，应该选择哪种席位的问题。换句话说，当观众们的关注重点转移到应该选择哪种席位去看演唱会时，这就表示着他们心中的那个购买开关已经被打开了。

服务产业的产品档次设定，就更加司空见惯了。理发店为了彰显自己的专业程度，连发型师的级别都有了重新定义，很多理发店会给不同的发型师设置助理级、专家级和总监级这三种不同的级别。

当你一走进发廊，接待员就会很热情地问：“先生，欢迎光临，我们这里的发型师有三个级别，助理级 20 元，专家级 48 元，总监级 98 元，请问您想要选择哪种级别的发型师？”多么行云流水的表达能力，不耽误任何口舌，一口气把所有档次以及相应的价格都给你和盘托出，就等你的选择了。

通常情况下，一部分人会选择专家级，为什么？面子问题！事实上，很多发廊根本没有助理级的发型师，换句话说，助理级和专家级就是同一群发型师，所以，但凡能按服务档次制定出不同价格方案来的商家，都已经深深懂得这个消费心理，因为他们知道大多数顾客更在乎服务的品质和身份感。

所以，无论做的是什么样的产品或服务，当你明白了按照产品档次来设置价格方案之后，会发现公司的销售效益会大大超过从前，而且也很容易超越还没有意识到这一点的竞争对手。

行动二：紧俏

成交时，总是希望顾客能立刻采取行动，但往往会事与愿违，因为绝大多数顾客都习惯了拖延，他们总是在想，明天再买吧，下次再买吧，过几天再买吧……

而事实情况是，顾客拖延的时间越久，其行动力下降得就越快，最后极有可能导致不了了之。

顾客为什么会拖延呢？

因为觉得以后也照样能买到，觉得以后也照样能享受同样的待遇，觉得今天购买和明天购买根本没什么区别，何必要今天购买呢?

当人们在任何时刻都能轻易地获取同样一种东西时，人们往往不会珍惜眼前的机会。

因此，对于商家而言，要想克服顾客的拖延心理，唯有制造紧俏的氛围和紧俏的机会。因为，人性最大的弱点就是渴望得到和害怕失去。

人性渴望得到，人性更害怕失去，制造紧俏性的作用就在于刺激人性害怕失去的心理弱点。换句话说，顾客要想不失去机会，唯有尽早地采取行动。

如何制造紧俏的机会?

记住了，核心操作策略就是限量、限时、限价!

策略一：限量

所谓限量，就是指限制某种商品的销售数量，以此来制造紧俏的销售氛围，从而激发紧迫的消费行为。

当一件东西在市场上泛滥成灾的时候，人们往往不会过分重视，而且也不会花费高价来购买。价格下跌的重要原因就来自供过于求，价格上涨的重要原因来自供不应求。

人们因稀缺而珍惜某样东西，因泛滥而轻视某样东西。稀缺产生增值，泛滥导致贬值。

所以，总不能告诉消费者，说你的东西多的卖不完，当这么讲的时候，产品在消费者的心目中已经贬值了。人家一想，这些东西反正有的是，过几天再买又何妨；要么，他们就会跟你使劲还价。

所以，在销售任何产品的时候，必须要通过某种方式来提醒顾客，说产品数量有限，如果再不行动，就有可能被抢光了，这就叫制造紧俏的氛围。

为什么贵到成百上千万元的劳斯莱斯还会被人们抢着购买？因为它每年都只限量生产几千台。全球 70 亿人口，能买得起劳斯莱斯的人显然远不止几千人，所以，有钱人也要争抢购买机会。

为什么小米手机总能创造一次又一次的销售风暴？因为想要预订小米手机的顾客很多，但单次供应数量有限，对每一位潜在消费者而言，一不留神就有可能失手。所以，小米手机的每一次促销活动总能激发数十万网民争先恐后的购买行为。

房地产销售的结尾广告文案怎么说？

可以这么说："忠告提醒：本楼盘限量发售 100 套，仅剩 49 套，我们预计 7 天之内将会全盘售空，好房子可遇不可求哦，请务必抓住眼下即将流失的机会，立即拨打电话 400×××，与我们最热心的服务员预约看房吧！"

招商加盟项目如何给意向加盟者制造紧俏的行动机会？

可以这么说："贵城市有意跟我们公司达成合作的加盟者已有 20 多家，但我们只能选择 5 家最有诚意、最有实力的公司合作，目前，已经有 3 家公司正式成为了我们的合作伙伴，希望您能抓住仅剩下的 2 个名额。”

所以，利用限量来制造紧俏感的具体操作策略，就是告诉每一位潜在顾客这三条信息。

① 感兴趣的人很多，也就是有意向购买的顾客很多。

② 名额有限或者说数量有限，尽可能要指出具体的数值。

③ 当前仅剩下多少名额或数量。

只要掌握了这三点，就掌握了限量策略的精髓。无论是卖产品、卖服务，还是卖项目，都可以直接套用这个执行格式。

你可能会说，限量不是限制了我的业绩了吗？

其实，限量不一定是产品本身的限量，还可以是赠品的限量，还可以是按时间单位来限量。比如，每天前 50 位可以获得什么样的赠品。如此而为，既能保证不限制销售业绩，又制造了消费紧迫感。所以，总归还是加快了顾客的购买速度，提升了自己的成交效率。

策略二：限时

如果想利用优惠政策来提升销售，那么，在恢复原价之前，最好要明确发布一个优惠截止时间点，这个策略简称为限时优惠，其杀伤力非常强大，如果想通过促销来快速获得一笔现金流，只要利用限时优惠这个超级策略，通常都会创造一个成交峰值。

如果一定要把限时和限量作一个比较的话，限时对顾客行为的催促力比限量还要大。因为，产品的数量到底还剩下多少，这件事情需要商家来提示。

但是，限时就不一样了，到底还剩余多长的时间，无论是说还是不说，每个人都能亲自察觉到。因为，这是一个客观事实，时间永远在每个人的身边悄悄地流逝，永不休止，一去不复返。

当规定一个购买的时间期限之后，顾客就会自发地形成警觉心理，随着时间的推移，他们就会越来越紧张，越来越害怕失去机会；要想抓住机会，唯有及时地采取行动！

为什么天猫双十一活动那一天，第一分钟就有近千万人涌进天猫？因为时间仅有一天，大家心情分外急切，担心自己想要的东西买不到。要是搁在平时，肯定不会产生如此浩荡的消费态势。

实际上，天猫双十一活动还可以把限时策略发挥得更强大，比如说，可以用如下的限时文案信息来进一步激发网购者的消费紧迫感。

“非常忠告：一年一次的双十一优惠活动仅限于 11 月 11 日 00:00 到 11 月 12 日 00:00，请您务必提前充足支付宝余额，并在零点前就坚守在计算机前，否则您只能忍痛割爱，让自己心仪的宝贝，眼睁睁地被别人横刀夺爱，错过一次，遗憾一年！”

看到这样的文案，多数网购者都会毫无反感地接收这个信息，并且按照这个指令行事，生怕错失良机，也生怕支付宝的余额不够而让购物过程不畅，而先赶紧充钱。

同样，假如淘宝店也在不时地举办爆款预订活动，那么，在店铺的首屏就应该用限时文案来锁定访客的注意力，可以这么来表述。

“紧急提醒:本次爆款预订活动仅限6月1日至6月7日7天，一旦错过，需再等一个月，在活动即将结束之前，请赶快抢一件吧，亲!”

无论希望顾客采取什么样的行动，都要时刻具备限时的思维意识，以及实施限时的执行方针。否则，顾客的行动速度就会变得滞后，或者根本就不会行动。

如果你开了一家餐饮店，每当有食客吃完饭之后，可能会免费给他们赠送一张代金券，因为你的目的是希望这些食客们能再次回头。

那么，代金券上面一定要注明有效截止时间，否则，送出去的代金券十有八九都会被消费者淡忘。记住，限时代金券的使用率远远比无期限代金券的使用率要高得多。

总结一下，如何利用限时策略来制造消费紧俏感?

关键的执行方针就是告诉顾客这三条信息。

① 限时的对象：是要将产品限时，还是将赠品限时，还是将优惠限时?限时的主体对象也就这三种。

② 制定截止时间期限：也就是告诉顾客，什么时候结束这个优惠活动。

③ 提示剩余时长：也就是常见的倒计时策略。催促人们急切产生行动的撒手锏秘诀就是倒计时策略，这个策略屡试不爽，效果可谓是百发百中。

策略三：限价

如果懂得利用限价策略来催促顾客产生行动的话，绝大多数顾客都会因此而“就范”。因为，人性是爱占便宜的，如果有机会能让顾客以某一个较低的价格来买到同样一款产品，谁愿意错失此等良机呢？

所谓限价策略，就是对同一款产品制定高低不等的价格，然后通过前面讲的限量策略或限时策略来催促顾客抢占一个低价的机会。通俗地讲，越是先行动的顾客，就越有机会抢到低价资格，越是爱拖延的顾客，就只能支付一个较高的价格了。

因此，就出现了关于限价策略的两种执行方针，要么就是按照购买人次的先后顺序来制定由低到高的价格，要么就是按照购买时间的先后顺序来制定由低到高的价格。

如何按购买时间的先后顺序来制定限价方针呢？

答案也很简单，就是把一个销售时长分成若干个时段，越靠前的时段就制定越低的价格，越靠后的时段就制定越高的价格。但是，有一点要告诉顾客，那个最高的价格就是产品的原价，也就是说，顾客购买得越早，就越能享受更多的价格优惠。

例如，要在天猫上做一个预售式的爆款促销活动，假定促销时长为一个月，那么，就可以把这一个月分成三个时段，平均每个时段对应一个促销价格。具体来说，可以这样设置：本月促销价 148 元，前 25 天享受优惠价 138 元，前 15 天享受超级优惠价 128 元，前 5 天享受特级优惠价 108 元。如此一来，只要老顾客足够多，保证至少会有一半的顾客会在前 5 天完成预订，绝大多数的顾客都会在前 15 天完成预订。

当然，这是针对老顾客来做爆款促销，无论是用旺旺通知，还是用短信或微信通知，只要你一个消息群发出去，所有的老顾客都能在同一时期内收到。

针对新顾客，如何来制造限价紧俏感呢？

无论做的是实体店销售，还是网店销售、网站销售，每天前来光临的顾客基本不是同一拨人。如果有一个具体的时间期限，后来的新顾客有可能会觉得不公平，因为他们之前压根不知道这个事情。

早在几年前，就有很多客户通过互联网竞价广告来销售产品，如化妆品、减肥产品、保健类产品、亲子教育类产品和企业培训类产品等这些品类都非常适合做竞价营销。由于大部分顾客都喜欢拖延，即使对产品有意向，往往也不会马上下订单。

那么，如何催促更多的新顾客立刻采取行动呢？

答案当然也是按购买时间来制定限价优惠，只不过所制定的限价优惠政策会随着时间的变化而变化。具体来说，会先制定三个由低到高的优惠价格，如 298 元、398 元、598 元（把 598 元锚定为原价），同时，把这三个价格分别匹配到今天、明天和后天这三个极短的时间段。注意，今天、明天和后天，一定要用具体的日子来显示，比如 6 月 7 日 298 元、6 月 8 日 398 元、6 月 9 日 598 元。

后天过了之后怎么办呢？

只需要把这三个时间段修改一下即可，价格还是原来的三种价格，如 6 月 10 日 298 元，6 月 11 日 398 元，6 月 12 日 598 元，如此来周而复始。

如此而为，既能催促上一拨顾客立刻采取行动，又能保证下一拨顾客也有同样的机会抢到同样的限价优惠。换句话说，限价优惠也可以持续循环地发挥紧俏效应。

其实，不管采用什么策略，都是为了给消费者制造紧俏的购买机会，但如果能将限时、限量和限价三剑合璧联合起来使用，将会加速式提升销售业绩，聚美优品、乐蜂网和淘宝聚划算的撒手锏成交武器就是这三招。

行动三：路径

路径是什么？

原始的定义就是指通往某个目的地所必经的行动环节。

假如约定到某个对方从未去过的咖啡馆谈事，那么，总得告诉对方怎么才能到达这个咖啡馆。

或者，亲自开车去接，这就是更加人性化的路径了，对对方来说，这就是捷径，因为不需要打听和摸索了。简言之，只要能给对方任何一种到达目的地的方式，都叫路径。如果不告诉对方怎么才能到达目的地，那么，就没有提供路径。

同理，想要顾客购买产品或服务，那不得给他一条购买路径吗？要不然，他怎么知道如何才能买到呢？

为什么发出去的广告内容非常有吸引力却没人响应呢？就是因为没有给出让受众响应的路径。

千万不要小看这个环节，更不要过度自信。曾经就有一个员工非常擅长做互联网软文推广，他写的文章通常可以在天涯社区、今日头条和微信公众号上获得数万的阅读量，谁曾想，他第一次做推广文案时就失败了。虽然他在今日头条上发布的第一篇文章就获得了数十万的阅读量，但是，却没有获得几个业务咨询。最后，才发现，文章中没有附加联系方式。

推广都需要为意向受众提供联络路径，真正的成交过程就更需要为购买者提供行动路径了。

记住，当成交环节快要到达彼岸的时候，最大的遗憾就是对方明明蠢蠢欲动地想要行动了，却找不到行动路径。对营销人而言，问世间，还有什么事情比这种失误更叫人遗憾？

所以，当号召人们行动的时候，必须给出一条行动路径，也就是告诉他们做什么以及如何做才能获得想要的东西。

怎么才能制定行之有效的行动路径？

制定行动路径的核心三要素就是：明确、简单、具体，换句话说，要想让所制定的行动方案最快速地得到最多人的响应，必须遵循这三大要素，而且，这三大要素的作用是相辅相成的。

要素一：明确

给出的行动路径必须要非常明确！

为什么很多人做事情明明已经有了执行方针却还是犹豫不决呢？那就是因为可供选择的执行方针太多了，不能马上确定哪一条方针是最好的，所以，需要花时间进行筛选和考量。而一旦在筛选和考量上出现纠结，行动力必然就会变得缓慢。

到底什么才叫作真正的明确？

说白了，就是只给别人一条行动路径，让别人心无旁骛一心只走这条路，而不是给出很多条路径来给别人制造纠结。

问世间，有几人在年轻的时候未曾纠结过："站在人生的十字路口，我将何去何从？"十字路口有四条路，能不纠结吗？

其实在我大学期间以及毕业后的两三年，我就靠做买卖获得了一番较为辉煌的成就，但我也因此而迷惘过，纠结过，因为我觉得我的才能远不止如此。要不是后来遇到一位贵人帮我指出一条康庄大道，鼓励我心无旁骛地研究和传播商业思想，专为中国的创业者和商人服务，我可能到现在还在纠结。

任何人只有明确一条路径之后，执行力才会变得高效起来。

很多做电视购物的商家，一连给出七八个联系方式，恨不得把公司所有员工的联系方式都放上去。碰到这种情况，坐在电视机前的意向顾客必然会纠结，到底哪一个联系方式才是最专业的客服，到底哪一个联系方式才能正常接通。正当顾客纠结的时候，电视广告已经播完了，结果导致顾客连一个号码也没有记住。

最明确的路径就是只给一个全国统一订购热线：400×××，这样就保证了所有人都能立刻知道选择哪一个联系方式，即使那些有意向的顾客没有来得及订购，也能保证他们都能记住这个订购电话。

只有明确才能产生力量，要想让受众能迅速作出响应，必须得给他们明确的一条路径，找谁买？到哪个实体店铺来购买？拨打哪个电话来购买？

要素二：简单

给出的行动路径必须要非常简单！

所谓简单，就是一定不能要求别人做很多事情，而是只需要别人付出极少的行动代价，如果给出的行动路径过于复杂，别人需要拐十八个弯才能到达目的地，顾客可能就不想买了。

想从别人身上赚到利益，还想赚到他的汗水，谁能乐意呢？

所以，要想让别人轻易采取行动，必须简单，拒绝复杂。

例如，服务业机构如何制定客户预约路径？

可以在宣传文案上告诉受众："你不需要大老远亲自登门拜访，只需要打这个电话给我们，就能成功预约。预约成功后，我们将为您安排特定的时间和特定的专业人士为您服务。”

又如，对广大市民的就医而言，在会诊之前最大的麻烦事就是挂号问题，所以，谁能解决挂号的困难，谁就能吸纳更多的病人。如何让挂号问题变得更简单呢？换句话说，如何让病人的行动路径变得更简单呢？

民营医院可以用微信挂号的方式来解决，然后在宣传文案当中发布：“扫描下面的微信二维码，点击菜单底部的挂号按钮，30 秒内即可成功挂号。”如此一来，病人来医院之后，就可以直接找到相应的专家来接受会诊，这就更加人性化。

再如，有产品需要更多的客户，那么，当然可以跟那些有客户的商家或个人合作，然后按合作之后所产生的销售利润来分成。怎么才能让别人更愿意跟你合作并配合你的行动呢？

很显然，必须让合作者的执行路径变得非常简单，例如，你可以跟意向合作者讲：“你只需要以你的名义把老顾客请到我们店（或者某个营销场地），后面的销售以及售后服务等所有事宜，你就不用管了，我们全权负责，你只需要等分红。”这样一来，你就会获得更多合作者的响应。

言外之意，想让别人从你这里收获到什么，无论是购买到产品也好，领取到赠品也好，获得分红也好，只需要他们执行一项或几项非常简单的事情即可。

曾经有一个深圳的客户做了一家海外旅行网网站，主要是帮助那些想要去国外旅行的旅客办理签证、机票以及酒店等业务。

为了增强顾客黏性，在网站上给每一个新访客赠送 10 元优惠券。但是，获得这 10 元优惠券的条件是必须填写 15 项注册信息，结果是，领取这张优惠券的访客比例不到 5%。

为什么结果这么糟糕？

因为行动路径太复杂了。

于是，让他作了两个改进：第一，把优惠券的金额提高到 20 元，旨在增加利益筹码；第二，把其他 13 项注册条目全部删除，只留下用户姓名和手机号码。就这样运作一个星期之后，网站的注册率达到了 20%，销售业绩也获得了接近一倍的增长。

所以，在做销售时，一定要让顾客的购买路径变得非常简单，即便是号召别人来店里领取一个赠品，也一定不要让顾客执行复杂的手续。你就发个短信或者微信告诉接收者："你只需要到 × × 店里来，凭借这条信息，报上你的姓名，就能领到 × × 赠品。"如此简单的举措，就会有更多的人愿意响应。

不仅仅是商业行动需要简单，说服任何人做任何事情都需要将对方的行动路径变得极其简单。

要素三：具体

给出的行动路径必须要非常具体！

给出的行动路径越具体，对方的执行动作就越麻利，对方的执行效率就越高。反之，其执行动作就会变得越磨蹭，执行效率就会变得越低下。

所谓具体，就是把执行细节都告诉对方，他不需要自我探索，也不需要自作主张，只要照着这些细节做完，就能实现某一个目的。

比如登山，很多登山者有可能会因为中途吃不消而导致身体不适。很多景点内都设立了相关的求助站点，以保证游客的旅行安全。某座名山半山腰有一块木制的牌匾，牌匾上写了两行醒目的大字："如有感到身体不适，请向工作人员求助。"

这样的出发点毫无疑问是值得赞美的，只不过，他们在实施环节上不到位，因为给旅客的行动路径太不具体了。

到哪里才能找到工作人员？通过什么路径才能找到工作人员？对陌生游客来说，这些都不具体。

如果在那两行字的后面接上："往前走 300 米，然后左拐前行 200 米，即可到达旅客求助室。"这就具体了，或者直接给出一个旅客求助电话，让工作人员开救护车到现场来救援，这样就更加人性化了！

现在，以营销活动当中较为常见的送赠品活动为例，看看什么是具体的行动路径，什么是不具体的行动路径。

很多商家在送赠品的广告信息末尾，通常都热衷于这样讲："请立刻到×××商业大楼来领取赠品吧。"这就是典型的不具体的行动路径。

×××商业大楼这么大，具体去哪儿领呢？怎么才能领到呢？所以，诸如以上这一类极为模糊的广告语都要改进。事实证明，根本不会有多少人来领取赠品，其营销效果实在是太不可观了。

如果改成："请到×××百货大楼四层，走到3号柜台前，亮出你收到的短信内容，跟我们的服务员说'我要领取赠品'就能立刻获得赠品。"这种行动路径就具体了。

如果以最直接的购买路径为例，那么，什么样的购买路径才能算作是具体的呢?

如果是通过电视购物销售化妆品，可以为电视机前的观众给出如下的购买路径。

"现在，请立刻拿起你的手机，拨打400×××，待电话接通后，直接跟我们的客服人员说，你要订购的套装，你的姓名和你的收货地址，你就能成功订购。"

如果是通过网络营销来销售电影票以及各类大会的门票，可以在销售文案的结尾给出如下的预订路径。

"现在，您只需要拨打×××，找×××先生，直接告诉他，您的姓名和您想要预订的座席种类，我们就会在第一时间为您预留好门票。"

如果是做同城送货服务，可以通过户外广告或者短信的形式给出如下购物路径。

"您只需要拨打我们的客服热线400×××，告诉他，您想要的设备型号和数量，以及您的姓名和收货地址，我们就会立刻安排专业的工作人员给您送货上门并且免费安装!"

无论以什么样的方式来销售产品和服务，当要求对方采取行动时，一定要给出尽可能具体的行动路径，给出的行动路径越具体，对方的行动效率就越高。

所以，在成交的最后一个环节号召顾客行动时，必须要给出明确、简单、具体的行动路径。所谓明确，就是必须让顾客知道，为了购买到或者为了获得某样东西，需要做什么事情；所谓简单，就是必须让顾客知道这件事情只有很少的执行环节；所谓具体，就是必须让顾客知道执行细节。

也就是说，“明确、简单、具体”这三大要素对行动路径的构成具有相辅相成的作用，既然如此，那么，是否可以使用一条策略同时实现这三大要素呢？

答案就是使用步骤来实现，步骤就是最有效、最直接的行动路径！

也就是说，如果顾客要想成功地从这里获得某样东西，就告诉他，只需要走完如下几个步骤，这就叫明确；实际上，也只有三个步骤，这就叫简单；每个步骤都给出了执行细节，这就叫具体。如此一来，行动路径的三大核心要素就全部实现了。

而且，更重要的意义还在于，只要给出了明确的行动步骤，人们几乎会百分之百地依照这个步骤去行动，很少会去怀疑为什么要这么行动，就像很少去怀疑你的姓氏一样，因为步骤是潜藏在人们心中固有的行为方程式，步骤也是行为学的重要命题之一。

假如你想从 A 点去 D 点，但是不知道怎么去，我现在告诉你，第一步：必须从 A 点到 B 点；第二步：从 B 点到 C 点；第三步：从 C 点到 D 点。在这种情况下，你马上就想从 A 点出发，而且，在整个行程当中，你还会经常提醒自己："我是在 AB 段，还是在 BC 段，或者是在 CD 段？"也就是说，你很难跳跃某一个路段，因为生怕偏离轨道。

这就是步骤的潜在力量，当人们不知道如何实现某一个目标时，只要给他几个步骤，他就很愿意按照步骤来行事。

比如，想要指引顾客如何订购产品，你就告诉他，只需要完成以下三个步骤即可订购成功。

第一步：请在下面的表单当中提交您的姓名、收货地址和手机号。

第二步：请从下面的收款账户当中选择最方便的支付方式，支付相应的款项。

第三步：在家静候三天，即可成功收到货。

如果你是一位微商，也就是说，顾客通过微信朋友圈来购买你的产品，那就更简单了，可参照以下三个步骤。

第一步：请把您的姓名、手机号和收货地址发到我微信上。

第二步：请通过微信红包或微信转账支付 100 元。

第三步：最多等候三天，您就能收到订购的产品。

到此为止，最后一个成交环节"促成行动"就已经讲述完毕。

前面分别讲述了方案、紧俏和路径这三大剑法：设计方案就是给顾客几种购买选择，从而让顾客通过自身考量之后，再作出一种最适合自己的选择；制造紧俏的目的就是刺激顾客害怕失去的心理弱点，从而催促顾客不得不立刻采取行动；设计路径的目的就是告诉顾客具体怎么才能买到想要的产品或服务。

• Lock the Deal • 后　记

行文于此，我仿佛已经登上了昆仑山山顶，真想仰天长叹。因为我伏案耕耘几个月，本书终于完结了。若不是中途出现计算机系统的变故，导致 5 万字文稿不翼而飞，我想，本书早就该与广大读者朋友们见面了。

此时此刻，我其实特别特别想问你一句，你学到了什么？你收获到了什么？如果你真是彻头彻尾逐字逐句地品读完了整本书的内容，我确信，你一定能从中收获到不菲的价值，因为我所讲述的内容都是有来龙去脉的商业思想和被无数次实践证明行之有效的成交方法。

同时，我又深深地懂得一个普遍的现实问题：即使再有价值的书，有一部分读者也未必能立刻抓取到其中的精髓，更未必能马上发挥出成效，在我看来，这其实是一个学习方法的问题。事实上，之前也有不少我的学员和读者专程向我请教过有关学习方法的问题。

所以，我想在此简略地谈一谈关于如何学习这个话题，根据我自身长时间以来的学习心得，我将我的学习方法分为如下四个步骤。

学习方法论第一步：总结知识框架

为什么同样是学习一门学问，不同的人所收获到的价值会千差万别？会学习的人与不会学习的人在学习方法上的首要差别就在于学习者能否总结和提炼出一个知识框架。

无论是学完一门功课还是阅读完一本书，一定要能总结出一个清晰的知识框架。所谓知识框架，就是问自己，它到底讲了哪几个方面，每个方面又分为哪几条线索，每一条线索又分为哪几个要点，只有把某本书或某个课程的“面线点”一一梳理出来，才能把某位传授者的思维体系和某门学问的内容章法搞明白。

很多时候，之所以感觉某门学问的内容很复杂，或者出现理解上的偏差，或者出现使用上的误差，就是因为常常把焦点孤立在某一个知识点上面，或者孤立在那些所谓的零散的“秘诀”上面，而没有跳出来看整个知识框架和应用框架。因此，很容易导致我们陷入“只见树木，不见森林”的片面误区。

当你能时刻把某个知识要点归属到某条线索当中来进行思考，当你能时刻把某条线索放在某个知识面当中来进行匹配，你对某门学问的理解和应用就会提高一大截。否则，就很难掌握这里面的学问和逻辑，又怎么可能明智地使用这些知识呢？

记住，无论多么庞大的学问，都一定可以按照“面线点”的逻辑关系归结出一个知识框架。所以，即使是1000页的书，也从来不会感到有多么复杂，即使是七天七夜的培训课程，也能打通这里面的七经八脉，从而把整个大内容、大系统提炼成更容易被吸收的逻辑和章法。

当然，一个人能否吸收和掌握一门课程，除了跟学习者本人对知识框架的总结有关以外，还跟这门课程的发起者或传授者有关，也就是说，讲授这门课程的老师在讲述这门课程时的思路是否清晰明了，语言是否通俗易懂。如果老师讲得比较散乱，学起来就比较费劲；如果老师讲得很清晰，学起来就很轻松。

我的每一门商业思想课程，其实都有自上而下的思维框架和承前启后的执行逻辑。所以，无论你是在看我的书也好，还是想抓住机缘来听我的课也好，你都不用耗费过多的精力来总结知识框架了，因为我都已经帮你总结好了，只要在学完我的商业思想课程之后，把我的讲课提纲或者全书目录回顾几遍，你心中就有“谱”了。

以本书为例，从表面上看起来，这本书的内容好像非常庞大，知识点仿佛也挺复杂，其实，你现在只要回过头来把本书的提纲酝酿几遍，你很快就吸收到了整本书的思想体系和知识框架。

本书的前言里就已经跟你挑明了，成交思想就是六个步骤，然后，在主体内容当中一一向你传授了每一个步骤的实施方法。

现在，请跟我再回顾一遍整个知识框架，我保证你会更加清晰明了，更加豁然开朗。

第一步：设计流程。

设计流程就是设计好产品流程、价格流程和客户流程。

第二步：找出卖点。

找出卖点就是从结果、高度、方便、安全、实用、超值和加值这七个方面来寻找。

第三步：构建信任。

构建信任就是构建真实度、优势度、反响度和保障度。

第四步：触发感知。

触发感知就是要让顾客看得到结果、体验到结果和预见到结果。

第五步：满足值得。

满足值得就是升腾产品的初级价值、对比价值和价格、附加更多的价值。

第六步：促成行动。

促成行动就是提供方案、制造紧俏和给出路径。

所以，无论采用什么样的销售形式，店面销售也好，电话销售也好，电视购物也好，电商销售也好，按照这六个环节去设计成交方针，或者，只要遇到任何成交障碍，就按照这六大步骤去排查、去改进，如此而为，销售业绩必定能获得实质性的进展。

学习方法论第二步：必须多次温习

温习的目的是进一步加深理解和记忆，任何人在任何时刻都在和遗忘做斗争。所以，千万不要以为只学一遍就能彻底掌握某一门学问和本领，如果是那样的话，保证你在一个星期之内就会忘掉90%。任何一门课程或一本书，不学五遍以上，很难彻底掌握。

不仅是需要多次温习，而且，你在每一次的学习过程当中，都要不断反思。如何反思呢？最切实的方法就是把你的心得写下来，如果你愿意写一遍学习心得，我保证你必将获得 10 倍的理解、吸收和提升。

听课和看书其实比较轻松，因为那是你接收的过程；写心得和感悟是思考和总结的过程，能印刻到心智。听我这个忠告，你绝不会上当，因为我就是这么走过来的。

记住，所有的绝活都只有一少部分人能练成，这一类人就是经常学习、多次练习、反复归位的人。

学习方法论第三步：选出最能上手的方法先使用

什么叫学习？

很显然，除了学，还有习，习就是实践练习的过程，实践练习就是把学到的知识发挥出价值的过程。

但是我发现很多人学了知识后，并没有去实践，而是一直在啃那些还没有学会的知识，在我看来，这也没有必要。因为温习是一个持续的过程，并不是说你一定要学个十几遍后再去实践，应该先把那些已经学会了的方法或者最适合你的方法拿去使用，也就是说，等你学完几遍后就要去使用，然后边学边干。

而且，事实上，对于任何一个课程或一本书的内容，你也根本不需要全部都学会，那也不现实，你只要学会 50%的知识，那就已经很不错了。本书的内容，你能掌握其中 50%的思维和方法，已经是物超所值了，一定会获得不小的进步了。

学习方法论第四步：悟出自己的经营逻辑

悟，是一个思考的过程。

我所说的悟，不是空想，更不是少林大师所谓的“悟”，是需要有依据的“悟”。

这个依据就来自学习和实践，也就是说，你在学习和实践的过程当中，一定要经常思考：“我到底学到了什么，我通过一段一段的实践之后，又取得了什么样的成果，我之所以能取得这些成果，原因是什么。”

在这些原因当中一定有你所学到的知识，但是，所学到的知识一般都趋于共性。例如，我已经教了你如何找出卖点的七大方法，但是，我不可能在这本书当中为所有读者提供一个固定的卖点内容，也不可能规定你们都用我说的这一个卖点，因为每个读者所做的产品和行业都不一样，所以，最后展现出来的卖点肯定不一样。又如，对于附加赠品这个方法，强调赠品必须和主打产品形成相辅相成的关系，但是，每个人卖的主打产品不一样，所以，所设置的赠品当然也不一样了，我不可能规定所有人都去赠送同样一款赠品。

任何一个老师所写的任何一本书或他所讲的任何一门课程，都不可能专程为你的行业或你的产品给出特定的解决方案，除非是顾问服务或者是策划服务。

所以，除了在某门学问当中学到的共性知识之外，一定还会有你在实践当中所干出来的具有个体特色的心得体会，悟的过程就是把你学到的共性思想和你自己干出来的个人心得糅合起来，糅合起来有什么意义?

糅合起来的重大意义就是形成一套专属于你自己的经营理念和方法，这一套经营理念和方法将进一步指导你今后的事业进程和实践进程。

为什么很多人学了很多，也干了很多，却不知道自己是如何成功的，就是因为一路上总结和反思得太少，也就是“悟”得太少。

我真诚地希望，你能根据我所分享的四步学习方法论，最大程度上来吸收《销售就是要锁定成交》以及其他学问的知识体系，从而为你的生意和业务创造辉煌成效，为你的人生和事业添砖加瓦，于你于我，都是一件可喜可贺的大好事。

来，我们为了这件大好事的早日到来先干一杯!